Internationales Privatrecht

Ein Grundriß

von

Dr. Karl Neumeyer
Geh. Justizrat, o. Professor des internationalen Privatrechts
an der Universität München

2. Auflage

1930
München, Berlin, Leipzig
J. Schweitzer Verlag (Arthur Sellier)

Internationales Privatrecht

Ein Grundriß

von

Dr. Karl Neumeyer
Geh. Justizrat, o. Professor des internationalen Privatrechts
an der Universität München

2. Auflage

1930
München, Berlin, Leipzig
J. Schweitzer Verlag (Arthur Sellier)

Druck von Dr. F. P. Datterer & Cie., Freising-München.

Vorwort.

Es war fremder Wunsch gewesen, der den Verfasser veranlaßt hat, diese Darstellung des IPR auf die knappste Form zu bringen, die sich noch verantworten ließ. Das fertige Werkchen hat sich als zweckmäßig erwiesen. So lange die Einsicht sich noch nicht durchgesetzt, daß dem IPR im Lehrplan unserer Fakultäten ein sehr viel weiterer Lebensraum gewährt werden muß, als dies heute überwiegend zutrifft, wird man es fördern müssen, wenn die studierende Jugend in bescheidenem Ausmaß sich um eine systematische Erfassung dieses Bereiches bemüht. Aber auch der beschäftigte Praktiker, dem eine grundsätzliche Ausbildung im IPR nicht vergönnt war, wird es begrüßen, in Kürze sich mit den Leitgedanken der Lehre vertraut machen zu können, um in ihnen den Ausgangspunkt für die weiteren Nachforschungen zu finden, deren er für den einzelnen Fall bedarf.

Wenn freilich diese Blätter nur die harmlose Einführung wären, als die sie dem Fernerstehenden erscheinen mögen, wären sie nicht geschrieben worden. Das Heft legt dem Kenner selbständige Stellungnahmen in sehr großer Zahl vor. Man hat es sich versagt, sie zu unterstreichen. Wem es ernst ist mit dem Bemühen um wissenschaftliche Einsicht, der weiß sie auch in dieser Form zu finden.

Die neue Auflage ist auf den heutigen Stand gebracht, auch an einigen Stellen ergänzt und erweitert.

München, den 26. Juni 1930.

Karl Neumeyer.

Inhaltsverzeichnis.

Allgemeiner Teil.

Eine deutsche Fabrik bezieht durch einen Londoner Einfuhrhändler brasilianischen Kautschuk. Wenn etwa ein Rechtsstreit über diesen Vorgang vor deutsche Gerichte kommt, so ist es nicht möglich, auf den Fall einfach deutsches Recht anzuwenden; ebensogut könnte ihn dann auch ein englischer Richter dem englischen, der Richter eines dritten Staats wiederum seinem Recht unterstellen. Und doch liegt hier ein Tatbestand vor, der nach einer einheitlichen und voraussehbaren Regelung verlangt. Es wäre aber auch nicht möglich, die verschiedenen Rechte gleichzeitig anzuwenden, in deren Bereich sich der Tatbestand verzweigt. Und so muß das internationale Privatrecht (im folgenden „IPR") den Staat bezeichnen, der einen solchen Vorgang zu regeln berufen ist. Soziologisch betrachtet, kommt also dem IPR die wesentliche Aufgabe zu, die Vielheit der Rechtsordnungen auf Erden zu einem geordneten Nebeneinanderwirken zusammenzufassen.

§ 1. Geschichte und Literatur. Die Ansätze zu einer Lehre vom IPR, die sich im römischen Reich aus der Rechtsverschiedenheit gleichberechtigter civitates ergaben, wurden durch die constitutio Antonina (212) abgeschnitten, die fast allen Untertanen das römische Stadtbürgerrecht verlieh, und so schweigt auch das Corpus juris von solchen Fragen völlig. Eine eigentümliche Neubildung erwuchs im fränkischen Reich, das eine Mehrzahl gemischt wohnender Stämme umschloß, deren jeder sein Recht behielt, ohne doch ein rechtlich begrenztes Stammesgebiet zu besitzen; so mußte für Wechselbeziehungen Recht gelten, das einer der beteiligten Personen zukam: das „System der persönlichen Rechte" hat solche Lösungen in wachsender Verfeinerung dargeboten. Schauplatz der weiteren Entwicklung ist Italien. Zwar hat sich gerade hier das System der persönlichen Rechte in seinen Ausläufern bis Ende des Mittelalters und darüber hinaus erhalten, es ist jedoch, wie die Stammesrechte selbst, auf die es sich inhaltlich beschränkte, eingetrocknet und schließlich gegenstandslos geworden. Die neuaufkommenden Ordnungen aber, Landrechte und Ortsrechte, sind zunächst unbeweglich geblieben. Das örtliche Recht wurde — entsprechend sehr zahlreichen Staatsverträgen — von dem Richter auf jeden von ihm abzuurteilenden Fall angewendet, und auch die aufkommende Wissenschaft vom römischen und vom kanonischen Recht ist in der zweiten Hälfte des 12. Jahrhunderts von dem gleichen Grundsatz ausgegangen. Nachdem aber die Wahl unter mehreren Geltung heischenden Rechten als ein wissenschaftliches Problem einmal erfaßt war (ALDRICUS), bedurfte es nur mehr der Bemühungen eines oder zweier Menschenalter, bis der Zugang zu der grundsätzlichen Lösung gefunden wurde: daß über das anzuwendende Recht die Eigenart des zu beurteilenden Rechtsverhältnisses entscheide; ein anderes Recht für den zu beurteilenden Vertrag, ein anderes für das Verfahren, in dem der Streit zur Erledigung gebracht wurde. In rascher Folge hat die Lehre des gemeinen Rechts — nunmehr auch unter Einfluß der französischen Romanistik — diese Fragen weiterentwickelt; einen Höhepunkt zeigt BARTOLUS († 1357) in Zusammenfassung und Vertiefung der Arbeiten seiner Vorgänger. Die Grundlage wechselseitiger Anerkennung der Rechtsordnungen, auf der diese Lehren beruhten, bot der fortlebende Gedanke des römischen Kaisertums, das alle Länder der Christenheit zu gleichberechtigten Gliedern des Reichs zusammenschloß. Und als die Renaissance mit der Herausarbeitung des Souveränitätsbegriffs diese Grundlage zerbrach, da war jene Anerkennung ein selbstverständlicher Besitz geworden, und man suchte zunächst in der „comitas", freundnachbarlicher Gesinnung, die Grundlage, die auch eine Anwendung ausländischer Rechte im Inland möglich machte — bis sich im 19. Jahrhundert mit dem Gedanken der völkerrechtlichen Gemeinschaft, die ihre Glieder zur Anerkennung verpflichtet, ein tragfähiger Unterbau ergab. In der wissenschaftlichen Fortbildung des IPR geht die Führung zu Ausgang des Mittelalters auf die Franzosen und alsbald auf die Niederländer über; ihre Ergebnisse werden im 18. Jahrhundert auch in das englische Common Law übernommen und haben sich hier besonders zäh erhalten.

E. L. CATELLANI, Storia del diritto internazionale privato, 1895 (Versuch einer Universalgeschichte). A. LAINÉ, Introduction au droit international privé, 2 Bde., 1888 (gemeinrechtliche Entwicklung seit dem späteren Mittelalter). K. NEUMEYER, Die gemeinrechtliche Entwicklung des internationalen Privat- und Strafrechts bis Bartolus, bisher 2 Bde., 1901/16. E. M. MEIJERS, Bijdrage tot de geschiedenis van het internationaal privaat- en strafrecht in Frankrijk en de Nederlanden, 1914. M. GUTZWILLER in Académie de droit international, Recueil des cours 1929.

Für die landesrechtliche Verselbständigung der Lehren wird Art. 3 des Code civil einflußreich, die endgültige Ablösung vom gemeinen römischen Recht bringt C. G. von WÄCHTER in berühmten Aufsätzen, Archiv für die zivilistische Praxis, 1841/42, und zur selben Zeit beginnt die wissenschaftliche Ausgestaltung dieser Lehren zur selbständigen Disziplin (einflußreich der Deutsch-Franzose FOELIX, 1843). Auf die weitere Entwicklung aber hat damals SAVIGNY mit dem 8. Band seines Systems des heutigen römischen Rechts entscheidenden Einfluß genommen. Für Deutschland im besonderen treten seither die Werke L. v. BARS in den Vordergrund; für die Gegenwart Arbeiten von F. KAHN, TH. NIEMEYER, E. ZITELMANN, K. NEUMEYER. Indessen lähmt in Deutschland mangelnde Einsicht in Aufgabe und Bedeutung der Lehre die Entwicklung, und es entspricht dem eine weitgehende Unsicherheit der Juristen bis hinein in die Urteile höchster Gerichte — während der romanische und der angloamerikanische Kulturkreis den Gegenstand literarisch pflegt und für die Ausbildung der Juristen verwertet. Zumal in Frankreich und Italien blühen diese Studien. Eine Beiziehung außerdeutscher Literatur ist auch für die Rechtsanwendung in Deutschland geboten und bei der Gleichheit der Problemstellung, sofern nur positivrechtliche Verschiedenheiten beachtet werden, unschwer durchzuführen; wenigstens gilt das ohne weiteres gegenüber der romanischen Literatur, während allerdings Werke des angloamerikanischen Kreises bei der von der kontinental-europäischen abweichenden Einstellung der dortigen Rechtswissenschaft der Benützung Schwierigkeiten bieten mögen.

Zu seiner Zeit führend und immer noch von Belang L. v. BAR, Theorie u. Praxis des IPR, 2 Bde., 1889. Mehrfach grundlegend F. KAHN, Abhandlungen zum IPR, 2 Bde., 1928 (Abhandlungen von 1890—1904). E. ZITELMANN, IPR, 2 Bde., 1897/1912 (eine sehr bedeutende Studie, aber ja nicht als Nachschlagebuch zu verwenden!). F. MEILI, Das internationale Zivil- und Handelsrecht, 2 Bde., 1902 (unzulängliche Notizensammlung). G. WALKER, IPR[4], 1926 (dürftig). E. FRANKENSTEIN, IPR, bisher 2 Bde., 1926 29 (geistvolle Spekulationen außerhalb der Rechtswirklichkeit, Benützung nur Sachkundigen anzuraten). H. LEWALD, Das deutsche IPR, 1. Teil 1930 (eine treffliche Durcharbeitung der deutschen Rechtsprechung). — Hauptwerk für Frankreich: A. WEISS, Traité théorique et pratique de droit international privé[2], 6 Bde., 1907/13. Vgl. auch F. LAURENT, Le droit civil international, 8 Bde., 1880/81 (überholt). Aus den zahlreichen, zum Teil bemerkenswerten Darstellungen kürzeren Umfangs sei genannt J. P. NIBOYET, Manuel de droit international privé[2] 1928. — P. FIORE, Diritto internazionale privato[4], 4 Bde., 1902/09 (ziemlich veraltet) und die einzige größere Darstellung ihres Gebiets, G. DIENA, Trattato di diritto commerciale internazionale, 3 Bde., 1900/05. — Für England A. V. DICEY, Conflict of laws[4], 1927. Für die Vereinigten Staaten F. WHARTON, Conflict of laws[3], 2 Bde., 1905. — Auch Holland, die nordischen Staaten, Griechenland, Spanien, Lateinisch-Amerika haben einen nicht zu übersehenden Anteil an dieser Literatur. — Die wichtigsten Zeitschriften sind: Zeitschrift für internationales Recht (ursprünglich für internationales Privat- und Strafrecht) seit 1891. Journal du droit international (früher du droit international privé), Paris, seit 1873, dazu Tables générales mit umfassender Bibliographie. Revue de droit international privé, Paris, seit 1905. — Répertoire de droit international privé éd. par Lapradelle et Niboyet, seit 1929 bisher 6 Bde. Beachtlich die Vorlesungen der Haager Académie de droit international, die zum Teil dem IPR gewidmet sind, veröffentlicht im Recueil des cours seit 1925, bisher 26 Bde. Ausländische Quellen des IPR bei A. N. MAKAROV, Das IPR der europäischen und außereuropäischen Staaten 1929. — Zur Kenntnis der ausländischen Privatrechte F. SCHLEGELBERGER, Rechtsvergleichendes Handwörterbuch, seit 1929, bisher 2 Bde. Handelsgesetze des Erdballs 1906/14, 23 Bde. J. MAGNUS, Tabellen zum internationalen Recht, seit 1926, bisher 4 Hefte.

§ 2. Begriff und Stellung im Rechtssystem. Jede autonome Gemeinschaft, und im besonderen der Staat (von dem im folgenden allein die Rede sein soll), bedarf einer Abgrenzung ihrer Wirksamkeit gegenüber der gleichartigen Wirksamkeit anderer Gemeinschaften; wie nach den sonstigen Richtungen öffentlicher Betätigung, so auch für die Ordnung des bürgerlichen Rechts. Und darum müssen zunächst die Tatbestände umgrenzt werden, die dem bürgerlichen Recht des Inlands unterliegen sollen. Der staatliche Rechtschutz indessen kann sich nicht damit begnügen, festzustellen, daß unter Umständen Inlandsrecht keine Anwendung findet; in Ermangelung des inländischen kommt bürgerliches Recht des Auslands zur Geltung, und damit erwächst die Notwendigkeit — für die Zwecke einer Rechtsanwendung im Inland — auch ausländischem Recht den Geltungsbereich zu bestimmen. Danach ist das internationale Zivilrecht oder IPR im engeren Sinn die Lehre von der staatlichen Zuständigkeit in Zivilsachen und ihrer Berücksichtigung durch andere Staaten. In erster Reihe handelt es sich dabei um die Bestimmung staatlicher Zuständigkeit zur Regelung eines bürgerlichrechtlichen Tatbestands. Und wenn die Frage nach der Zuständigkeit zugunsten einer fremden Ordnung zu beantworten ist, so wird deren Regelung derart für den inländischen Rechtsschutz verwertet, daß Rechtssätze dieses Staats im Inland angewendet, individuell gestaltende Staatsakte dieses Bereichs im Inland anerkannt werden. (Näheres über die Anerkennung solcher Staatsakte unten § 11.)

Nach dem zuständigen Staat geht somit die erste Frage im IPR. Nicht nach dem anwendbaren Recht. Wo der Staat einen Tatbestand durch einen allgemein lautenden Rechtssatz regelt, da fallen die beiden Gesichtspunkte freilich zusammen. Aber der Staat ordnet Tatbestände des Privatrechts vielfältig durch Eingreifen in den einzelnen Fall. Er verleiht die Großjährigkeit und verhängt Entmündigung, befreit von Ehehindernissen und erklärt Urkunden für kraftlos Auch dann allerdings — im Hinblick auf das Ergebnis solcher staatlichen Tätigkeit — besagen die maßgebenden Rechtssätze, ob dieser Tätigkeit Rechtswert zukommt, und ob es ihrer zu der Herbeiführung eines rechtlichen Erfolgs überhaupt bedarf; ob nur Akte des Inlands den Erfolg herbeiführen können oder Auslandsakte dabei gleichwertig sind. Als Tätigkeit indessen ist solche behördliche Mitwirkung ein Gegenstand selbständiger Regelung. Sie schöpft ihre Vollmacht nicht aus dem Rechtssatz, der sie voraussetzt, ihre Zuständigkeit nicht aus der Zuständigkeit jenes Rechtssatzes. Sie ist unmittelbare Staatswirksamkeit und als solche eigener Zuständigkeitsordnung unterworfen. Von hier aus gesehen geht die nächste Frage also nach dem Staat, der durch seine Behörden zum Handeln berufen ist, und es erscheint erst als Unterfrage innerhalb einer hiernach bestimmten Zuständigkeit, wenn weiter festgestellt wird, welche Gesetze die handelnde Behörde ihrer Tätigkeit zugrunde legen soll. Der Zwiespalt dieser beiden Betrachtungsweisen findet seinen Ausgleich in einer höheren Stufe: in der staatlichen Wirksamkeit als einer Einheit betrachtet, für die Regelung durch Gesetz und durch Eingriff in den einzelnen Fall nur nebengeordnete Mittel bedeuten. Eine Verkennung dieser Zueinanderordnung aber versperrt gleichermaßen den Zugang zu einem Verständnis des internationalen Rechts der freiwilligen Gerichtsbarkeit und zu einem solchen des internationalen Prozeßrechts, Strafrechts, Verwaltungsrechts.

§ 3. Fortsetzung. Das IPR ist nicht ein Sammelsurium der Bestimmungen einer Rechtsordnung, die Beziehungen zu Ausland und Ausländern aufweisen. Insbesondere gehört zum IPR nicht das Fremdenrecht im Privatrecht. Innerhalb einer Rechtsordnung finden sich manchmal sachlich verschiedene Bestimmungen, wie mit Rücksicht auf Geschlecht, Alter, Stand der Beteiligten, so auch mit Rücksicht auf ihre Staatsangehörigkeit. Beispielsweise, Ausländer bedürfen für den Erwerb von Grundeigentum einer besonderen Genehmigung, es werden gegen sie nach Art. 31 EG BGB Retorsionsmaßregeln ergriffen. Oder es sind räumliche Beziehungen zum Ausland, die zu Sonderbestimmungen des bürgerlichen Rechts führen: die Ausschlagungsfrist für den Erben beträgt 6 Wochen, aber sie wird auf 6 Monate erstreckt, wenn sich der Erbe im Ausland aufhält. Oder es werden sonstige Tatbestandsmerkmale mit Auslandsbeziehung verwendet, z. B. bei einer Festsetzung, ob Aktien in fremder Währung ausgegeben werden dürfen. Hier überall sind sachliche Unterscheidungen des bürgerlichen Rechts in Frage, die erst dann in Betracht kommen, wenn die Zuständigkeit der sie enthaltenden Rechtsordnung bereits feststeht.

Ebensowenig gehört in das IPR die Einwirkung des Völkerrechts auf das Privatrecht. Wenn ein völkerrechtlicher Vertrag den Staat verpflichtet, bestimmte Vorschriften über Eisenbahnfrachtrecht zu haben, so gehört die Bindung des Staats an diese Verpflichtung dem Völkerrecht an; die in Erfüllung einer solchen Verpflichtung bekanntgegebenen Regeln aber sind Sätze des Privatrechts von ganz derselben Art wie alle andern privatrechtlichen Vorschriften. (Über die Beziehungen des Völkerrechts zum internationalen Privatrecht gleich unten.)

Und auch das international gleiche Privatrecht bedeutet eine Sondererscheinung zunächst nur für den Soziologen, nicht für den Juristen. Daß Deutschland und Österreich die gleiche Wechselordnung haben, kommt im rechtlichen Gehalt des deutschen Wechselrechts nicht zum Ausdruck. Und wo eine völkerrechtliche Verpflichtung besteht, übereinstimmendes Recht zu haben, da ist der vorerwähnte Fall gegeben, der wiederum zu dem IPR keine Beziehung hat.

§ 4. Fortsetzung, Sonach handelt es sich im IPR um die Grenzen der Staatsgewalt und deren Beziehungen zu fremden Staaten. Damit aber ist gesagt, daß öffentliches Recht in Frage steht, genauer, ein Sonderzweig des öffentlichen Rechts der einzelnen Staaten (Dazu auch unten § 16.). Es handelt sich um öffentliches Recht, nicht um Privatrecht. Selbst dann, wenn man sagen wollte: der Satz des Privatrechts „Volljährigkeit mit 21 Jahren" gilt nur für Deutsche, und es sei eine solche Begrenzung selbst ein Stück des privatrechtlichen Inhalts dieses Satzes — wie kommen wir von dem Inhalt des genannten Privatrechtssatzes zu der Antwort auf die Frage, welchem Recht wir die Volljährigkeit eines Franzosen mit Wohnsitz in Argentinien zu unterstellen haben? — Das IPR gehört aber auch nicht in das Völkerrecht. Wohl reicht, wie unten § 6 zu zeigen, eine seiner Wurzeln in dies Gebiet. Jedoch es ist der einzelne Staat, der für den eigenen Rechtsschutz Sätze des IPR aufstellt. Nur die gröbsten Übergriffe bei einer solchen Regelung könnten etwa einer Mißbilligung des Völkerrechts begegnen. Im übrigen aber mangelt ein nachweisbarer Wille der Staatengemeinschaft, der die einzelnen Staaten verpflichten würde, ein IPR bestimmten Inhalts zu haben, durchaus. Lediglich einige Staatsverträge begrenzten Inhalts begründen eine solche Verbindlichkeit für die Vertragsteilnehmer. Und es tritt die Verschiedenheit des IPR vom Völkerrecht vollends zutage, wo IPR Rechtsordnungen innerhalb des Staats die Grenze zieht. (Über Versuche von FOELIX und von ZITELMANN, das IPR mit dem Völkerrecht in Verbindung zu bringen, NEUMEYER im Wörterbuch des Völkerrechts unter IPR.)

§ 5. Nachbardisziplinen. Erschöpft sich die staatliche Fürsorge für das bürgerliche Recht zumeist in der Bereitstellung von Rechtssätzen, so tritt bei den anderen Zweigen rechtlich geregelter Staatswirksamkeit die unmittelbare Tätigkeit staatlicher Organe in den Vordergrund. Aber auch hier bedarf es genau wie für das Zivilrecht einer Abgrenzung ihres Aufgabenbereichs gegenüber einer gleichartigen Wirksamkeit anderer Staaten — nur daß in den Gebieten des öffentlichen Rechts die grundsätzliche Frage sich darauf beschränkt: Inlandszuständigkeit oder Unbeteiligtheit des Inlands; nicht, wie beim bürgerlichen Recht, Inlandszuständigkeit oder Auslandszuständigkeit. Als Beispiele solcher Fragen seien genannt: ergreift die Schulpflicht Personen inländischen Wohnsitzes oder inländischer Staatsangehörigkeit? Ist Bestrafung möglich gegen einen Deutschen, der im Ausland gestohlen hat? Kann über den Besitz eines ausländischen Patents in Deutschland ein Prozeß geführt werden? Neben das internationale Zivilrecht tritt demgemäß ein internationales Zivilprozeßrecht, ein internationales Strafrecht, ein internationales Verwaltungsrecht, Gebiete, die auch für die Handhabung des internationalen Zivilrechts selbst zum Teil erhebliche Bedeutung besitzen.

Übersicht bei NEUMEYER im Wörterbuch des Staats- und Verwaltungsrechts[2], 1912, 2, 438ff. — F. MEILI, Das internationale Zivilprozeßrecht, 1906; derselbe, Lehrbuch des internationalen Konkursrechts, 1909. P. FEDOZZI, Il diritto processuale civile internazionale, 1905, nur Bd. 1 erschienen. Die oben, § 1, genannten Werke von BAR und WEISS. — F. MEILI, Lehrbuch des internationalen Strafrechts und Strafprozeßrechts, 1910. v. BAR, Lehrbuch des internationalen Privat- und Strafrechts, 1892. M. TRAVERS, Le droit pénal international, 5 Bde., 1920/22. — K. NEUMEYER, Internationales Verwaltungsrecht. Innere Verwaltung. Bisher 4 Bde. 1910/30; derselbe, Grundlinien des internationalen Verwaltungsrechts, 1911. — G. LIPPERT, Handbuch des internationalen Finanzrechts[2], 1928 (dazu NEUMEYER, Zeitschrift für internationales Recht, 24, 186). — Entsprechend muß es auch ein internationales Staatsrecht geben. Schon darum, weil der Staat auch in diesem Bereich Wirksamkeit gegen Dritte übt, die gleichfalls der örtlichen Begrenzung bedarf; z. B. ein Zwang zur Annahme von Ehrenämtern.

Alle diese Rechtszweige aber haben gleichermaßen die Aufgabe, die Grenzen der inländischen Wirksamkeit und ihr Verhältnis zu einer gleichartigen Wirksamkeit des Auslands festzulegen. Sie schließen sich deshalb mit dem internationalen Zivilrecht zu einer systematischen Einheit zusammen, die man in Ermangelung eines besseren Ausdrucks als IPR im weiteren Sinn bezeichnen kann.

An dem Namen IPR ist schon viel herumkuriert worden. Er ist unschädlich, wenn man sich nur bewußt bleibt, daß dabei weder Privatrecht noch internationales Recht im Sinn von Völkerrecht in Frage ist, und mag als eingebürgert weiter beibehalten werden. Auch der jüngste Vorschlag „Zwischenprivatrecht", „Zwischenstrafrecht" usw. (ZITELMANN) erscheint mir nicht annehmbar. Nicht nur wegen seiner Unanschaulichkeit; sondern auch grundsätzlich, weil er von einem Standpunkt über den einzelnen Staaten ausgeht.

§ 6. Das IPR als positives Recht. Wo über den Gegenstand Gesetze bestehen, da gehören diese selbstverständlich dem positiven Recht an. Aber die Lehren des IPR haben sich als ungeschriebenes Recht entwickelt, sie haben diese Eigenschaft auch für Deutschland zu einem erheblichen Teil bewahrt, und wenn solche Sätze Verbindlichkeit besitzen sollen, so müssen auch sie in das positive Recht aufgenommen sein. Die Brücke bildet das Völkerrecht, das nach Art. 4 RV seinerseits das Reichsrecht bindet. Denn nach Völkerrecht sind die Staaten der völkerrechtlichen Gemeinschaft gehalten sich wechselseitig anzuerkennen, ihre Wirksamkeit als gleichberechtigt gelten zu lassen. Und daraus erwächst, wo eine gleichzeitige Einflußnahme der Staaten auf denselben Tatbestand nicht möglich ist, die Notwendigkeit einer Aufteilung der Zuständigkeiten: jeder Staat regelt die Privatrechtsangelegenheiten, die ihm angehören. Für die Abgrenzung von Rechtsordnungen aber, die innerhalb desselben Staats bestehen, schafft die Zugehörigkeit zum gleichen Staatsverband die Grundlage wechselseitiger Anerkennung.

Die weitere Aufgabe ist alsdann, festzustellen, unter welchen Voraussetzungen ein Tatbestand der Ordnung des einen oder anderen Rechtsgebietes anheimfällt, in der Formulierung SAVIGNYS (eine Fragestellung, keine Lösung!), wonach sich der „Sitz des Rechtsverhältnisses" bestimmt. Und da eine sichere Auslegungsregel sachgemäße Auslegung fordert, so lautet die Antwort seit sieben Jahrhunderten: nach der Eigenart des zu regelnden Tatbestands. Es ist nicht möglich, den sämtlichen örtlichen Beziehungen eines Tatbestands gleichzeitig zu folgen — auf eine Erbfolge gleichzeitig deutsches Recht anzuwenden als das Recht des Erblassers, österreichisches Recht als das Recht des Erben, das Recht der Schweiz als des Landes, in dem das Erbgut liegt — und so muß unter diesen Verweisungen eine Auswahl getroffen werden. Minder wichtige Beziehungen bleiben beiseite, und es entscheidet diejenige unter ihnen, die für die Eigenart des zu beurteilenden Tatbestands die wesentlichste ist; also bei einer Erbfolge beispielsweise mit Rücksicht auf die notwendige Einheitlichkeit der Erbordnung das Recht des Erblassers, nicht der Erben oder der Nachlaßgegenstände, und zwar das heimatliche Recht des Erblassers, nicht etwa das Recht des Sterbeorts, weil die Erbordnung ein Stück der staatlichen Fürsorge für die Familien ist, die dauernd von ihrem Heimatstaat betreut werden.

Demgemäß muß im IPR jede einzelne Rechtseinrichtung für sich auf ihren örtlichen Schwerpunkt geprüft werden, jede Einrichtung des Inlands, jede solche des Auslands, und es folgt daraus die Unmöglichkeit verallgemeinernder Formeln für das IPR. Selbst die gesetzliche Festlegung spezialisierter Regeln kann hier schon zu weit führen, und es bietet deshalb Art. 30 EG BGB, freilich nur zugunsten deutscher Einrichtungen, die Möglichkeit, nach Lage der Umstände von den gesetzlichen Vorschriften des deutschen IPR abzuweichen (vgl. dazu unten § 10).

Die Folgerungen, die derart aus der Natur der zu beurteilenden Tatbestände gezogen werden, haben die Eigenschaft eines im Zweifel geltenden Rechts. Sie sind nicht Völkerrecht, so daß eine Abweichung ohne weiteres als Völkerrechtsverletzung angesprochen werden könnte. Aber sie haben die Bedeutung positiven Rechts, soweit nicht unmittelbar oder mittelbar eine gesetzliche Vorschrift dieses Staats zu einer abweichenden Behandlung nötigt. Da die Rechtseinrichtungen vor allem der kontinental-europäischen Staaten eine weitgehende Übereinstimmung in ihrem Aufbau aufweisen, so folgt daraus, daß auch die IPR dieser Staaten eine weitgehende Übereinstimmung zeigen. Die Beförderung einer solchen Gleichartigkeit ist denn auch eine Anforderung an den Gesetzgeber; denn es sollte ein Tatbestand unter seiner rechtlichen Ordnung verbleiben, ob er den Gerichten des einen oder eines andern Staats unterstellt wird. Einer völligen Einheit des IPR indessen steht nicht nur die Verschiedenheit der gesetzlichen Formulierungen in den verschiedenen Staaten entgegen. Schon die materiellen Einrichtungen, deren Ordnung gesucht wird, sind häufig abweichend von Staat zu Staat gestaltet, und es bewirken bereits geringe Verschiedenheiten der Konstruktion, auf das IPR projiziert, unter Umständen wesentliche Abweichungen in der Bestimmung des zuständigen Staates.

Unbrauchbar als Ausgangspunkt des IPR ist die „Parteiautonomie", das soll besagen, der Wille der beteiligten Privatpersonen, es sei ein Vorgang nach der oder jener Rechtsordnung zu beurteilen. Denn rechtliche Bedeutung gewinnt eine Parteierklärung erst aus der Rechtsordnung, die, zur Herrschaft über den Tatbestand berufen, an eine solche Erklärung rechtliche Wirkungen knüpft. Noch schlimmer ist die Fiktion, auf Grund deren die Rechtsordnung entscheiden soll, die von den Parteien bestimmt worden wäre, wenn sie an die Möglichkeit eines Streits gedacht hätten. Die Lehre von der Parteiautonomie spielt in den romanischen Rechtsgebieten eine erhebliche Rolle, aber auch die deutsche Rechtsübung greift in peinlich wachsendem Ausmaß zu solchen Bequemlichkeitsausflüchten.

§ 7. Die Quellen des deutschen IPR. Eine Kodifikation der wichtigeren Grundsätze des IPR hatte der Vorentwurf zu einem BGB beabsichtigt. Von GEBHARD, dem Redaktor des allgemeinen Teils, war ein sehr beachtlicher Entwurf, begleitet von inhaltreichen Motiven, ausgearbeitet worden. Doch zweimal ist der Plan zu einer solchen Kodifikation an dem Unverständnis einflußreicher Stellen gescheitert. An seiner Statt hat zuletzt noch, ohne der Öffentlichkeit über die Gründe seines Vorgehens Aufschluß zu geben, der Bundesrat eine Summe von Einzelvorschriften aufgestellt, die mit unbeträchtlichen Abweichungen als Art. 7—31 des Einführungsgesetzes zum BGB geltendes Recht geworden sind — Vorschriften, die unter dem Gesichtspunkt der Vereinheitlichung und der Abschneidung von Zweifeln, mehrfach auch einer Modernisierung überholter Anschauungen einen Fortschritt bedeuten, die aber in der Willkürlichkeit ihrer Auswahl, vielfach ungenügend durchgedacht, in einer zänkischen und kurzsichtigen Bevorteilung inländischer Interessen ein bedauerliches Denkmal gesetzgeberischer Unkunst darstellen. Diese Artikel des Einführungsgesetzes bilden nunmehr die Hauptquelle des geschriebenen IPR in Deutschland.

Die zunächst geheimgehaltenen GEBHARDschen Materialien sind jetzt veröffentlicht von TH. NIEMEYER, Zur Vorgeschichte des IPR im deutschen Bürgerlichen Gesetzbuch, 1915. E. ZITELMANN, Art. 7—31 des Einführungsgesetzes zum Bürgerlichen Gesetzbuch, 1908, bringt synoptisch den Text der verschiedenen Entwürfe. Zur Auslegung des Gesetzes selbst TH. NIEMEYER, Das IPR des Bürgerlichen Gesetzbuchs, 1901. H. HABICHT, IPR, 1907. Die Kommentare zum BGB; darunter als neuester von Belang, aber völlig unzureichend, STAUDINGER 7/8, Bd. 6, 1914.

Verstreute Einzelbestimmungen aus dem Bereich des IPR enthalten außer dem Text des BGB selbst Handelsgesetzbuch, Wechselordnung, Scheckgesetz, die Urhebergesetze, Konkursordnung, das Konsulargesetz und andere Reichsgesetze. Dazu treten als weitere Quellen geschriebenen Rechts Staatsverträge des Reichs und der Länder, von erheblicher Bedeutung die Haager Abkommen vom 12. 6. 1902 und 17. 7. 1905, die, aus gesamteuropäischen Beratungen über eine Kodifikation des IPR hervorgegangen (nur der angloamerikanische Rechtskreis hat sich ferngehalten), für wichtige Gebiete des Personen- und Familienrechts ein einheitliches IPR begründet haben. Die Animosität Frankreichs gegen Deutschland und dann der Krieg haben die Tragweite dieser Vereinbarungen seither empfindlich beeinträchtigt. Einzelne Sätze des IPR finden sich auch in anderen Staatsverträgen des Reichs, sowohl in Gesamtverträgen wie jenen über Urheberrecht oder Eisenbahnfrachtrecht, als auch in zahlreichen Sonderverträgen, Konsularverträgen, Handelsverträgen, Freundschaftsverträgen und anderen. Die älteren Verträge der deutschen Länder über den Gegenstand hat Art. 56 EG BGB in Kraft erhalten, Vereinbarungen, die, zum Teil völlig verschollen, dennoch geltendes Recht geblieben sind oder doch waren. Denn der Kriegsausbruch hat den größten Teil dieser, wie übrigens auch zahlreicher einschlagender Verträge des Reiches beseitigt. Im übrigen ist das IPR auch für Deutschland ungeschriebenes Recht.

Für die Auslegung der Haager Abkommen bringen BELLEMANS et KOSTERS, Les conventions de la Haye sur le droit international privé, 1921, wesentliches Material. F. MEILI und A. MAMELOK, Das internationale Privat- und Zivilprozeßrecht auf Grund der Haager Konventionen, 1911. Sehr kundige Aufsätze von F. KAHN, Zeitschrift für IPR, Bd. 12, 13, 15. Mehrere Handausgaben, die verhältnismäßig beste von DITTMANN, 1914. — Über sonstige Staatsverträge (Rechtszustand vor dem Krieg) TH. NIEMEYER, Das in Deutschland geltende IPR, 1894. NEUMEYER, Partikulare Staatsverträge über IPR, Blätter für Rechtsanwendung 71, 333. J. BLEYER, Sammlung von Staatsverträgen über Angelegenheiten der Rechtspflege, 1910.

§ 8. Erscheinungsform der Regeln des IPR. Wenn eine Regel des IPR lautet: unerlaubte Handlungen stehen unter dem Recht des Staats, in dem die Handlung begangen ist, so ist hier wie bei jedem Rechtssatz eine Rechtsfolge an Voraussetzungen geknüpft. Die Rechtsfolge, um die es sich dabei handelt, ist die Anwendbarkeit einer Gesetzgebung auf einen Fall, und damit steht eine solche Regel als „Kollisionsnorm" oder „Grenznorm" den „Sachnormen" gegenüber, die innerhalb der anwendbaren Rechtsordnung sachlich die erforderliche Regelung treffen (der Täter der unerlaubten Handlung hat Schadensersatz zu leisten usw.). Zu den Voraussetzungen einer Kollisionsnorm zählen Rechtsbegriffe der verschiedensten Art, die jeweils der Feststellung bedürfen, z. B. was ist eine unerlaubte Handlung, wann ist die Handlung im Gebiet begangen? Jede Kollisionsnorm aber muß unter ihren Voraussetzungen ein Merkmal haben, auf Grund dessen der einzuordnende Tatbestand mit der Rechtsordnung eines bestimmten Gebiets örtlich verbunden wird: der Ort, an dem eine Person zu einem bestimmten Zeitpunkt sich aufhält, sich regelmäßig aufhält, den Wohnsitz hat, an dem eine Sache liegt, ein Unternehmen seinen Mittelpunkt hat, der Staat, in dem jemand die Staatsangehörigkeit besitzt, mag das anwendbare Recht bestimmen. Unter solchen „Anknüpfungen" pflegen einige häufiger wiederzukehren. Aber ihre Reihe ist grundsätzlich unbegrenzt und nur von der Eigenart des jeweils zu beurteilenden Tatbestands abhängig.

Unter den möglichen Anknüpfungen treten seit alters hervor das „Personalstatut" (dazu unten § 20) als die für eine Person geltende Gesetzgebung = Recht des Wohnsitzes oder des Heimatstaats, und das „Realstatut" als das für eine Sache, insbesondere für ein Grundstück geltende Recht, gleichbedeutend mit dem Recht des Lageorts. Unter „lex fori" versteht man das Recht des urteilenden Richters; unter „lex causae" das Recht, das für ein Rechtsverhältnis als ganzes gilt (im Gegensatz insbesondere zu einer Sonderbehandlung einer seiner Voraussetzungen oder Wirkungen). — Verschieden von der Kollisionsnorm ist die materiellrechtliche Verweisung, bei der der Inhalt einer Sachnorm des Inlands von dem Inhalt einer ausländischen Sachnorm abhängig gemacht wird. Z. B. Ausländer genießen in Deutschland nur dann den Schutz ihrer Schriftwerke, wenn auch Deutschen in jenem Staat solcher Schutz gewährt wird.

Die Regeln des IPR sind entsprechend den Bedürfnissen des inländischen Rechtsschutzes berufen, deutschem und fremdem Recht den Geltungsbereich anzuweisen. Das führt zu der üblichen Fassung einer solchen Regel als einer „vollkommenen" oder „zweiseitigen" Kollisionsnorm (so die oben erwähnte Regel über unerlaubte Handlungen.) Zuweilen werden solche Regeln aber auch nur auf das Inlandsrecht bezogen, ohne auszusagen, ob die entsprechende Regel auch für Auslandsrecht gelten soll. Es kann nun sein, daß in Fällen dieser Art dem Inlandsrecht ein Geltungsbereich zugeschrieben werden soll, der dem Ausland versagt wird, z. B. keine weitergehenden Folgen aus einem Auslandsdelikt zu Lasten eines Deutschen, als sie auch nach deutschem Recht begründet sind. Verschieden von einem solchen „Exklusivsatz" sind jedoch die „einseitigen" oder „unvollkommenen" Kollisionsnormen, die nach ihrer Wortfassung nur die Grenzen des Inlandsrechts beschreiben („die persönlichen Rechtsbeziehungen deutscher Ehegatten stehen unter deutschem Recht"), aber als Anwendung eines Rechtsgedankens, der für ausländisches Recht ebenso verwertbar ist, Ergänzung zur vollkommenen Kollisionsnorm im Weg der Auslegung fordern.

Besondere Schwierigkeiten bieten der Auslegung die Normen des Einführungsgesetzes in ihrer äußeren Erscheinung. Die Lücken, die das Gesetz aufweist, beruhen zum Teil auf dem (angesichts des Art. 30 wohl zu weit gehenden) Bedenken, durch starre Regeln der Verschiedenheit der zu beurteilenden Tatbestände vorzugreifen, zum Teil aber auch auf dem völlig mißverständlichen Gedanken, es sei politisch ratsam, sich hier nicht zu binden. Die in das Gesetz aufgenommenen Sätze zeigen neben zweiseitigen Kollisionsnormen in wirrem Wechsel Exklusivsätze, einseitige und unvollständig zweiseitige Kollisionsnormen, und es scheinen auf diese Fassungen ebensowohl unklare Theorien über eine völkerrechtliche Unzulässigkeit zweiseitiger Kollisionsnormen, wie auch eine weitere Meinung eingewirkt zu haben, daß zwar auch dem Auslandsrecht seine Geltung zugewiesen werden könne, aber nur, wenn der Fall irgendwie (wie?) in näherer örtlicher Verbindung mit dem Inland stehe. Für die Anwendung solcher eingeschränkter Sätze indessen bedarf es lediglich der Feststellung, ob die Einschränkung als Exklusivsatz gemeint ist; trifft das nicht zu, so können alle solchen Verklausulierungen des Textes einfach als nicht vorhanden betrachtet werden.

§ 9. Anwendung ausländischer Gesetze. Soll ein Anspruch rechtliche Wertung finden, so muß zunächst der tatsächliche Vorgang, auf den er sich stützt, an den Rechtsformen des Inlands gemessen werden, um die auf ihn zutreffende Kollisionsnorm zu finden. Ist aber die Kollisionsnorm bestimmt, so führt ihre Verweisung, fest umgrenzt, auf diejenigen Regeln im Privatrecht des zuständigen Staats, die dort für einen solchen Tatbestand aufgestellt sind. Nur daß auch auf die staatsrechtlichen

Voraussetzungen für die Gültigkeit dieser Sätze mitverwiesen ist; denn als Willensäußerungen des zuständigen Staats wird ihnen vom Inland Wirksamkeit zugesprochen.

Den Inhalt der angezogenen Rechtssätze festzustellen, ist nach § 293 ZPO Amtspflicht des urteilenden Richters. Versagt die eigene Nachschau in Gerichts- und öffentlichen Bibliotheken (und die öffentlichen Bibliotheken pflegen ihren dahin gehenden Verpflichtungen gegen die Rechtspflege nur unvollkommen zu entsprechen), so kann durch Vermittlung der Justizministerien Rechtsauskunft erholt werden; entweder, wenn der fragliche Staat zu amtlicher Auskunft bereit ist (nicht: Großbritannien, Vereinigte Staaten, Belgien, Schweden, Griechenland), im diplomatischen Verfahren, nach neueren Verträgen auch unmittelbar von Ministerium zu Ministerium; oder in der Art, daß durch den deutschen Gesandten oder Konsul in jenem Staat ein privates Rechtsgutachten beschafft wird; auch mag das Gericht die Partei unmittelbar mit der Einholung eines solchen Gutachtens betrauen. Sollte aber jede Möglichkeit einer Auskunft versagen, so hätte der Richter ihm bekannte Sätze anderer Gebiete desselben Rechtskreises zu grunde zu legen, alleräußerstenfalls Übereinstimmung mit dem deutschen Recht anzunehmen. — Inländische Gerichte sind nicht an die Auslegung gebunden, die ein fremder Rechtssatz von den Gerichten des fremden Staates empfängt. Aber sie werden nicht ohne dringenden Grund von solcher Auslegung abweichen. Seitdem der österreichische Verfassungsgerichtshof entschieden hat, daß eine Befreiung vom Ehehindernis der bestehenden Ehe, welche öst. Verwaltungsbehörden gewährt haben, von den öst. Gerichten nicht nachgeprüft werden darf, kann die Statthaftigkeit solcher „Dispensehen" auch in Deutschland nicht mehr bemängelt werden. — Unrichtige Anwendung ausländischen Zivilrechts ist in bürgerlichen Rechtsstreitigkeiten (§ 549 ZPO) kein Revisionsgrund. Anders natürlich die Behauptung, eine Regel des IPR, also ein deutscher Rechtssatz, sei unrichtig angewendet worden.

§ 10. Die Vorbehaltsklausel. Wenn eine fremde Rechtsordnung für zuständig erklärt ist, so kann ihre Anwendung nach Lage des Falls dennoch unterbleiben müssen. Es kann sein, daß die Anwendung des fremden Rechtssatzes zu Ergebnissen führt, die mit unseren Anschauungen von guter Sitte unvereinbar sind. Alsdann muß freistehen, von einer solchen Anwendung im Inland abzusehen. Z. B. es würde eine 12jährige Engländerin entsprechend ihrem heimatlichen Recht von einem deutschen Standesbeamten Trauung begehren. Aber es ist äußerste Zurückhaltung in einer solchen Disqualifikation fremder Rechtsanschauungen geboten, und nur die unmittelbare Durchsetzung des fremden Satzes kann das Inland für seinen Bereich versagen; die Ehe, die ein solches Kind in seinem Land geschlossen hätte, wäre — bei einem Erbstreit etwa — auch für unsere Gerichte eine gültige Ehe.

Ganz anders geartet, nicht auf kulturellen, sondern auf juristisch-technischen Erwägungen beruhend, ist ein zweites Hindernis, das der Anwendung fremden Rechts entgegentreten kann. Hier handelt es sich um die Gefahren, die aus einer zu weit gehenden Verallgemeinerung formulierter Kollisionsnormen erwachsen können. Und deswegen die Notwendigkeit einer Ermächtigung, von solchen allgemeinen Regeln abweichen zu dürfen, wenn der zu beurteilende Tatbestand auf Grund seiner Besonderheiten (mit Rücksicht auf den Zweck der ihn regelnden Gesetze, wie man auch sagen mag) die Unterstellung unter ein anderes Recht verlangt. Z. B. für den formgültigen Abschluß eines Rechtsgeschäfts genügt nach deutschem IPR Beobachtung der Gesetze des Errichtungsorts; dennoch ist es unwirksam, wenn der Geschäftsanteil einer deutschen Gesellschaft mit beschränkter Haftung in der Schweiz übereinstimmend mit dem dortigen Recht formlos abgetreten wurde; denn der Zweck, den das deutsche Recht mit der Aufstellung derartiger erschwerender Formvorschriften für eine solche Abtretung verbindet, würde durch jene Möglichkeit vereitelt. — Art. 30 wird diesen beiden Aufgaben einer „Vorbehaltsklausel" auf das beste gerecht: „Die Anwendung eines ausländischen Gesetzes ist ausgeschlossen, wenn die Anwendung gegen die guten Sitten oder gegen den Zweck eines deutschen Gesetzes verstoßen würde."

Eine solche Vorbehaltsklausel kehrt mehr oder minder klar erfaßt in allen Jurisprudenzen wieder und spielt besonders in den romanischen Ländern als „Lehre von der öffentlichen Ordnung" eine große Rolle. Sie dient neben der ersten dort vornehmlich der zweiten unter den oben genannten Aufgaben und bietet mit der Möglichkeit, sich scharfen Formulierungen zu entziehen, der Bequemlichkeit des Urteilers übermäßigen Raum. Einer gesteigerten Unklarheit, die daraus erwächst, daß der Code civil von Sätzen der öffentlichen Ordnung in einem andern Sinn, nämlich als gleichbedeutend mit zwingenden Rechtsvorschriften spricht, sucht man durch Unterscheidung einer „internen" und einer „internationalen" (d. h. für das IPR wesentlichen) öffentlichen Ordnung zu entgehen. — Aus der umfänglichen Literatur F. KAHN in Jherings Jahrbüchern 39, 4.

Wenn eine Berufung auf den Zweck des Gesetzes nur zugunsten deutscher Vorschriften vorbehalten ist, so besagt dies, daß nur unter solchen Umständen Kollisionsnormen des geschriebenen Rechts außer Anwendung bleiben dürfen, z. B. solche über die Form der Rechtsgeschäfte. Im übrigen aber bestimmt auch bei Vorschriften des Auslands, zumal für Einrichtungen, die dem deutschen Recht nicht oder nicht in privatrechtlicher Gestalt bekannt sind, der Zweck ihren Geltungsbereich (Beispiele bei NEUMEYER, Internationales Verwaltungsrecht 2, 692 f.; 3 II 370[82]). Dagegen können allerdings nach gegenwärtig geltendem Recht die wirtschaftlichen und politischen Bedürfnisse des ausländischen Staates selbst eine aktive Unterstützung durch andere Staaten nicht beanspruchen, auch dann nicht, wenn in den normalen Ablauf der Privatrechtsverhältnisse durch Verhängung einer Nichtigkeit oder Zwangsumstellung abändernd eingegriffen würde, z. B. zum Schutze einer ausländischen Währung (Beispiele ebenda 3 II 318, 325 und öfter), und das trifft auch bei Rechtsverhältnissen zu, die als solche der privatrechtlichen Zuständigkeit jenes Staates unterstellt sind.

§ 11. Anerkennung ausländischer Staatsakte. Wo ein fremder Staat gestaltend in die Ordnung des einzelnen Falles eingreift, durch Ehescheidung oder Legitimation oder Konkurseröffnung, entsteht eine Rechtslage, die in gleicher Weise der Anerkennung bedarf wie diejenige, die durch Anwendung allgemeiner Rechtssätze begründet wird. Notwendige, in der Regel aber auch ausreichende Voraussetzung hierfür ist lediglich die Zuständigkeit des handelnden Staats. Sie wird (mangels positiver Abweichungen) stets zugunsten des Gebiets gegeben sein, dessen allgemeine Rechtssätze als zuständig für die Regelung des Tatbestands anerkannt werden, besteht für manche Rechtseinrichtungen indessen ergänzend auch zugunsten dritter Staaten. In Fällen der letztgenannten Art wird die Behörde alsdann im Dienst ausländischer Rechtssätze tätig. Die staatsrechtliche Ermächtigung hierzu besitzen, wie die Behörden anderer Staaten, so auch diejenigen des Deutschen Reichs. So kann unter deutscher Hoheit eine Vormundschaft geführt werden, auch wenn der Mündel nach ausländischen Gesetzen der Fürsorge bedarf; kann das deutsche Nachlaßgericht für den Nachlaß von Ausländern tätig werden, auch wenn die Erbfolge sich nach fremden Gesetzen bestimmt. — Für das Inland mag die Zuständigkeit zu solchem Eingreifen unter Umständen auf einem Exklusivsatz beruhen. Wo das nicht zutrifft, kommt den Behörden des Auslands grundsätzlich die gleiche Zuständigkeit zu, wie sie das Inland für die eigenen Behörden in Anspruch nimmt. Nur daß auch einer Anerkennung ausländischer Staatsakte wiederum die Vorbehaltsklausel in ihren beiden Aufgaben entgegengetreten kann. Und auch eine entsprechende Anwendung der gleich zu erwähnenden Vorschriften in § 328 ZPO Z. 2 und 3 mag unter Umständen erforderlich werden.

Zu den Staatsakten, die eine neue Rechtslage für die Beteiligten schaffen, gehört (unmittelbar oder mittelbar) auch das rechtskräftige Urteil in Zivilsachen.

§ 328 ZPO verlangt für die Anerkennung ausländischer Urteile entsprechend Zuständigkeit des fremden Staats nach dem Maßstab der Zuständigkeiten, die das Reich für seine Gerichte in Anspruch nimmt. Die Vorbehaltsklausel wird vorgesehen. Mit Rücksicht auf die Sonderart des anzuerkennenden Akts wird (Z. 2) ausreichendes rechtliches Gehör für den Beklagten gefordert. Alsdann (in Z. 3) eine Voraussetzung, die nicht für das Urteil als solches aufgestellt wird, sondern, aus andern Erwägungen heraus, für bestimmte Urteilsinhalte: wenn der Urteilsinhalt präjudiziell ist für den Besitz deutscher Staatsangehörigkeit, so muß dem Urteil ein den deutschen Anschauungen entsprechendes IPR zugrunde liegen. Endlich (jedoch grundsätzlich anfechtbar und praktisch unzweckmäßig) das Erfordernis der Gegenseitigkeit solcher Anerkennung. — Vorschriften über die Anerkennung ausländischer Urteile enthalten auch einige Staatsverträge, insbesondere das deutsch-österreichische Abkommen 21. 6. 1923.

Dagegen kann, von dem besonderen Fall des § 328^3 abgesehen, weder einem rechtskräftigen Urteil noch einem sonstigen eine Privatrechtslage gestaltenden Staatsakt, der im zuständigen Staat ergangen ist, entgegengehalten werden, er habe ein unrichtiges IPR zugrunde gelegt. — Die Möglichkeit der Anerkennung aber verschafft einem solchen Staatsakt noch nicht ohne weiteres privatrechtliche Wirkung. Denn (s. oben § 2) die Frage, wie weit sein Ergebnis privatrechtlich verwertbar ist, steht unter jener Rechtsordnung, die eine Mitwirkung der Behörde als erforderlich erklärt. Die Zuständigkeit des Nachlaßgerichts, einen Testamentsvollstrecker zu entlassen, bleibt ungenutzt, wenn das für die Erbfolge maßgebende Recht eine solche Entlassung durch das Nachlaßgericht nicht vorsieht.

Bei alledem endlich ist gleichmäßig wiederkehrende Voraussetzung für jeden Fall einer Anerkennung, daß die Handlung, der sie gewährt werden soll, nach dem Recht des handelnden Staates selbst einen wirksamen Staatsakt darstellt, daß sie also den bei Meidung der Nichtigkeit aufgestellten Anforderungen dieses Staats hinsichtlich der sachlichen Voraussetzungen und der Form des Vorgangs genügt, wie der Eingriff auch nur die Wirkungen erzeugt, die der handelnde Staat mit ihm verbinden will. — In Erscheinung tritt der Akt mit der Beurkundung seiner Vornahme, und da staatliche Urkunden auch anderwärts öffentlichen Glauben genießen (vgl. unten § 19), bedarf es für fremde Staaten insoweit als Grundlage der Anerkennung nur des Nachweises, daß die Urkunde echt ist und von einer zur Vornahme solcher Handlungen berufenen Behörde ausgeht. Der Nachweis wird durch „Legalisation" (vornehmlich seitens des inländischen Konsuls; Reichsgesetz vom 1. 5. 1878) erbracht, sofern nicht mit Rücksicht auf einen engeren rechtlichen Verkehr solche Nachweise durch Staatsvertrag als entbehrlich erklärt sind.

§ 12. Deutsches und fremdes IPR. Da die Regeln des IPR lediglich für den Rechtsschutz des Inlands bestimmt sind, so folgt daraus umgekehrt, daß eine Rechtsanwendung unter der Hoheit des Inlands nur inländischem IPR Rechnung zu tragen hat. Das bsdeutet zunächst, daß die Rechtsbegriffe, die eine Kollisionsnorm als Voraussetzung ihrer Zuweisung benutzt, insoweit lediglich nach Inlandsrecht bestimmt werden können („Qualifikation" auf Grund der lex fori). Es bedeutet insbesondere, daß die Kollisionnormen des Inlands auch dann maßgebend bleiben, wenn das von ihnen als sachlich anwendbar bezeichnete fremde Recht auf Grund seiner Kollisionsnormen eine andere Rechtsordnung als maßgebend erklären würde. Keine Rück- und Weiterverweisung! Die Lieferung, die ein italienisches Handelshaus in Deutschland übernommen hat, steht für uns unter italienischem Handelsrecht, wiewohl das italienische IPR Verträge nach den Gesetzen des Abschlußortes beurteilt. Man macht, Rück- und Weiterverweisung zu rechtfertigen, geltend, daß die Verweisung auf eine fremde Rechtsordnung auch deren IPR einschließe.

Das würde für das genannte Beispiel ergeben: Vom Recht des italienischen Sitzes, das wir zunächst anwenden sollen, Rückverweisung auf das deutsche Recht des Vertragsorts — aber mit Einschluß der deutschen Kollisionsnormen, die nun wiederum auf den italienischen Sitz verweisen — und so weiter ohne Ende (F. KAHN: „logisches Spiegelkabinett"). Die Unmöglichkeit des Ergebnisses läßt einen grundsätzlichen Fehler vermuten: wenn die deutsche Kollisionsnorm auf italienisches Vertragsrecht verweist, so könnte zwar auf den Satz mitverwiesen sein, daß diese Normen nur für Verträge mit Abschlußort in Italien gelten wollen; was jedoch geschehen soll, wenn der Abschluß nicht in Italien erfolgt ist, das kann dem italienischen Vertragsrecht (auf das allein verwiesen ist) nicht entnommen werden; insbesondere also nicht, daß solchenfalls Rückverweisung Platz greifen solle. — Aber auch wenn die Frage korrekter dahin gestellt wird, ob es Bedeutung hat, wieweit die angezogene Sachnorm des Auslands ihrerseits für einen Fall gelten wolle, so muß die Frage verneint werden. Die deutsche Kollisionsnorm wirkt endgültig. Zwar bedeutet Verweisung auf einen fremden Privatrechtssatz auch Verweisung auf die staatsrechtlichen Voraussetzungen seiner Geltung (oben § 9). Allein eine solche Mitverweisung kann erst wirksam werden innerhalb einer Zuständigkeit des fremden Staats, die bereits feststeht, nicht schon dann, wenn diese Zuständigkeit erst festgestellt werden soll. Wäre das anders, so müßten unlösliche positive und negative Konflikte die Folge sein (die Volljährigkeit wird in Frankreich mit 21, in Argentinien mit 22 Jahren erreicht, sie bemißt sich in Frankreich nach dem Recht des Heimatstaats, in Argentinien nach Wohnsitzrecht; für einen Franzosen mit Wohnsitz in Argentinien wollen beide, für einen Argentinier mit Wohnsitz in Frankreich will keines der Rechte die Geschäftsfähigkeit bestimmen).

Aus dem Gesagten ergibt sich, daß Art. 27 EG, der gewisse Fälle einer Rückverweisung zuläßt, nicht die Anwendung einer ohnehin bestehenden Regel, sondern die Ausnahme von einer solchen darstellt. Er beschränkt sich (vgl. die Motive des Vorentwurfs) auf Rückverweisung im Gegensatz zur Weiterverweisung, bezieht sich innerhalb jener nur auf Fälle des Personalstatuts, und hierbei nur auf Schwierigkeiten, die aus der Beibehaltung des Wohnsitzes als Bestimmungsgrundes des Personalstatuts in manchen Staaten erwachsen. Eine sehr unsichere Rechtsprechung versucht der Rückverweisung weitere Anwendbarkeit zu beschaffen; vielfach aus dem Irrglauben, es sei ein Vorteil, so viel Inlandsrecht als möglich anzuwenden. — Grundlegend eine glänzend geschriebene Abhandlung von F. KAHN, Jherings Jahrbücher 30, 1. H. LEWALD in Académie de droit international, Recueil des cours 1929.

§ 13. Fortsetzung. Eine Rücksicht auf fremdes IPR enthält auch Art. 28 EG. Es läßt sich der Stelle über den Wortlaut hinaus die Regel entnehmen, daß überall da auf die einheitliche Behandlung eines Vermögens, wie sie das zuständige Recht fordern würde, verzichtet werden muß, wo das Recht der belegenen Sache einen einzelnen Gegenstand aus diesem Vermögen gesonderter rechtlicher Behandlung unterwirft. Danach erstreckt sich z. B. eine vormundschaftliche Verwaltung, die unter deutscher Hoheit geführt wird, nicht auf Grundstücke des Mündels in den Vereinigten Staaten, da deren Recht für die Verwaltung solcher Grundstücke die Einrichtung einer besonderen amerikanischen Vormundschaft verlangt. Es handelt sich bei dieser Bestimmung nicht um eine grundsätzliche Lösung, sondern nur um die Verhütung eines Justizkriegs, bei dem der Staat, in dem die Sache liegt, doch der stärkere Teil bleiben müßte.

§ 14. Altes und neues IPR. Ändern sich die Vorschriften des IPR (Einführung des BGB; Abschluß eines einschlägigen Staatsvertrags), so kommen auf einen Tatbestand diejenigen Kollisionsnormen zur Anwendung, die bei seiner Entstehung, nicht diejenigen, die im Zeitpunkt eines über ihn geführten Rechtsstreites in Geltung stehen. Jeder Tatbestand tritt vom Augenblick seiner Verwirklichung an unter eine rechtliche Ordnung. Aber er kann sachlich eine rechtliche Regelung nur finden, wenn zuvor feststeht, welche Rechtsordnung zu solcher Regelung berufen ist. Mit seiner Entstehung empfängt deshalb der Tatbestand — von dem Rechtsschutz eines bestimmten Staats aus besehen — auch internationalrechtlich seine endgültige Prägung.

NEUMEYER, Zeitschrift für IPR 12, 39. Übereinstimmend die neuere deutsche Rechtsübung.

§ 15. Das IPR des Reiches und der Länder. Das vormalige IPR der Länder ist, von Staatsverträgen abgesehen, durch das geschriebene und ungeschriebene IPR des Reiches aufgehoben worden (Art. 55 EG, auszudehnen auf das mit dem Privatrecht verbundene öffentliche Recht). Schon darum können Lücken der reichsrechtlichen Regelung nicht etwa aus den früheren Landesrechten ausgefüllt werden. Andrerseits aber gelten die Kollisionsnormen des Reiches nunmehr auch für die landesgesetzlicher Regelung vorbehaltenen Gegenstände (Art. 4 EG) — ausgenommen dort, wo die Eigenart des vorbehaltenen Gegenstands auch zur Aufstellung besonderer ihm angemessener Kollisionsnormen nötigt. Wenn letztwillige Zuwendungen an juristische Personen im preußischen Recht Beschränkungen unterworfen werden, so finden diese Beschränkungen nicht etwa nach Maßgabe der erbrechtlichen Kollisionsnormen des Reiches Anwendung; sie gelten nach ihrem Zweck für Gemeinschaften mit Sitz in Preußen. — Für die Abgrenzung der Justizhoheit zwischen den deutschen Ländern sind von Reichs wegen eine Anzahl ausdrücklicher Grenznormen aufgestellt (BGB §§ 22, 80, 1322, 1723, 1745, vgl. auch §§ 928, 1936).

§ 16. Rechtsverschiedenheiten innerhalb des Staats. Die vorausgehenden Erörterungen befassen sich im allgemeinen nur mit der Abgrenzung staatlicher Rechte. Doch kommt auch vor, daß innerhalb eines Staats, räumlich getrennt, verschiedenerlei Privatrechtsordnungen gelten, z. B. in den Staaten, die nach dem Krieg deutsches oder österreichisches Gebiet erworben haben; und ebenso kann es innerhalb des Staats Personenkreise geben, die verschiedenerlei Recht haben, Weiße und Farbige in den Kolonien, die Bekenntnisse in den Staaten konfessionellen Eherechts. Sind es aber autonome Rechtskreise, die hier voneinander abgegrenzt werden sollen, so bleibt das Problem das gleiche wie zwischen Staaten, wenn man nur festhält, daß die Frage vom Standpunkt der einzelnen Rechtsgemeinschaft, nicht des übergeordneten Staates gestellt werden muß. Insbesondere handelt es sich auch hier um Schranken für die Wirksamkeit öffentlicher Verbände (jede Gemeinschaft, die eine Rechtsordnung trägt, ist ein solcher) und damit um öffentliches Recht. Gleich sind grundsätzlich aber auch die Lösungen. Nur daß bei personal begrenzten Rechtskreisen an Stelle räumlicher Anknüpfungen notwendig die Verbindung mit einer der beteiligten Personen treten muß. Und daß die wechselseitige Anerkennung von Hoheitsakten eine engere, Abwehrmaßnahmen, wie etwa die Disqualifizierung des anwendbaren Rechts als unsittlich, seltener sein werden. Die Grenznorm mag auch von dem übergeordneten Staat gesetzt sein; während allerdings da, wo der Staat von sich aus mehrerlei Recht für Gebiete und Personenkreise in seinem Bereich erläßt und selbst dessen Inhalt bestimmt, eine Art Fremdenrecht (oben § 3), bei der Grenzziehung zwischen solchen Vorschriften nicht mehr IPR vorliegt. — Bestehen autonome Teilrechtsordnungen in einem Auslandsstaat, dessen Privatrecht nach unseren Kollisionsnormen anzuwenden ist, so sind, wie die sonstigen staatsrechtlichen Bestimmungen über den Bestand eines Rechtssatzes, so auch die Festsetzungen dieses Staats maßgebend, welcher seiner Verbände eigenes Recht haben kann, in welchem räumlichen Umkreis solches Recht gilt, wie sich die persönliche Zugehörigkeit zu solchem Rechtskreis bestimmt (durch eine Unterstaatsangehörigkeit, Heimat, Wohnsitz; kann in Ermangelung sonstiger staatsrechtlicher Zuweisung auch aus dem staatlich gesetzten oder anerkannten IPR dieses Rechtskreises erschlossen werden müssen). Auch ob mehrere Verbände solcher Art zu gleichem Recht nebeneinander bestehen, gehört noch zum staatsrechtlichen Inhalt ihrer Zulassung. Aber das IPR des Gebiets oder Personenkreises als solches bleibt auch hier gleichgültig. Welches Recht für den Vertrag gilt, den ein Straßburger in Paris geschlossen hat, hat für ein deutsches Gericht lediglich deutsches IPR zu bestimmen.

Besonderer Teil.

Aus dem Allgemeinen Teil des bürgerlichen Rechts.

§ 17. Ausgangspunkte. Beschäftigt sich der allgemeine Teil des IPR mit der Fertigstellung der Einrichtungen, durch deren Hilfe staatliche Zuständigkeit bestimmt werden soll, so bedeutet der Allgemeine Teil des bürgerlichen Rechts bereits einen Gegenstand, auf den jene Einrichtungen Anwendung finden. Der Allgemeine Teil des bürgerlichen Rechts faßt Bestimmungen über Tatbestände und über Rechtswirkungen zusammen, die für eine Anzahl besonderer Einrichtungen des bürgerlichen Rechts von Belang sind, und daraus folgt für das IPR, daß mangels besonderer Gegengründe auch über solche Vorschriften die lex causae entscheidet, die Rechtsordnung, die für den Gegenstand gilt, auf den sich die abgesonderte Vorschrift bezieht. Bestimmungen über den Zeitpunkt eines Vertragsschlusses werden anwendbar, wenn der Vertrag, um dessen Abschluß es sich handelt, unter Inlandsrecht steht. Wenn das BGB Vorschriften über Sicherheitsleistungen trifft, so gelten sie für Sicherheiten, die auf Grund einer Verpflichtung unter deutschem Recht gestellt werden. Nur zur Klarstellung von Zweifeln und Verschlingungen soll hier auf einige Gegenstände besonders eingegangen werden.

Verjährung ist eine Einrichtung des materiellen, nicht des Prozeßrechts; sie betrifft die Durchschlagskraft des Anspruchs und steht damit völlig einheitlich unter dem Recht, das für den erhobenen Anspruch, Erbanspruch, Schuldanspruch usw. maßgebend ist (Abweichung in einzelnen Staatsverträgen). — Auch für die Stellvertretung gilt, soweit es sich um die Beziehungen zu Dritten handelt, die durch den Vertreter geknüpft werden, das gleiche, also für die Fragen, ob ein Rechtsgeschäft durch Stellvertreter abgeschlossen werden kann, über Präsumtionen und Fiktionen einer Stellvertretung zugunsten des Dritten. Anders als dies Außenverhältnis ist jedoch das Innenverhältnis zwischen dem Geber und dem Empfänger der Vertretungsmacht zu beurteilen. Wo die Vollmacht auf Gesetz beruht (Schlüsselgewalt der Ehefrau, Vertretungsmacht des Konkursverwalters), da gilt für ihren Bestand ohne weiteres das Recht dieses präjudiziellen Rechtsverhältnisses. Aber auch die rechtsgeschäftliche Vollmacht steht im Dienst einer besondern Rechtsbeziehung zwischen Geber und Nehmer (Auftrag, Dienstvertrag, Gesellschaftsvertrag usw.) und teilt damit deren rechtliche Lage.

§ 18. Geld. Die Frage, in welcher Währung eine rechtserhebliche Bewertung vorgenommen werden kann, und in welcher Währung eine solche Bewertung von Gesetzes wegen erfolgt, gehört dem Fremdenrecht (oben § 3) an. Bei Bewertungen kraft Gesetzes, wie sie Geldschulden häufig erfordern, verweist die beherrschende Rechtsordnung regelmäßig auf die eigene Währung (anders gesagt, es gilt die Währung der lex causae). Wird rechtsgeschäftliche Wahl der Währung zugelassen, so liegt eine solche dann vor, wenn von der gesetzlichen Währung abgewichen, unter besonderen Umständen auch, wenn sie bestätigt wird; die bloße Benennung der gesetzlichen Währung bei einem Rechtsgeschäft entbehrt der rechtlichen Bedeutung. Ist eine rechtserhebliche Wahl erfolgt, deren Inhalt aber zweifelhaft, so ist der konkrete Parteiwille festzustellen; dabei können gesetzliche Auslegungsregeln wie § 361 HGB. eingreifen. Es kann eine Wahl aber auch ausgeschlossen sein; nach der Natur eines Rechtsverhältnisses (Hypothek) oder etwa, in Zeiten einer Krise, als währungspolitische Maßregel. Jedenfalls aber hat die Frage nach der Währung eines Rechtsverhältnisses unmittelbar gar nichts zu tun mit der Frage, unter welcher Rechtsordnung das Rechtsverhältnis steht. Eine Verpflichtung kann deutschem Schuldrecht unterliegen, ihr Inhalt in einem Zweifelsfall dennoch auf fremde Währung gehen. — Fremdenrechtlich ist auch die Frage, ob bei Bestimmungen über Geldwert und Geldzeichen ausländische Währung der inländischen gleichsteht, z. B. ob eine Aufrechnung zwischen Forderungen verschiedener Währung statthaft ist, oder ob gutgläubiger Erwerb auch an ausländischen Geldstücken Eigentum verschafft.

Für das IPR. kommt es auch hier auf die oben erörterten Ausgangspunkte an. Soweit es sich bei geldrechtlichen Bestimmungen um die normale Wirksamkeit des Sachenrechts, Schuldrechts usw. handelt, entscheidet wiederum die lex causae. Z. B. die Auslegungsregel des § 361 BGB. gilt, wo die Verpflichtung unter deutschem Schuldrecht steht, an Grundstücken des Inlands kann eine Hypothek regelmäßig nur in Inlandswährung bestellt werden. Soweit jedoch solche Vorschriften aus anderen als schuldrechtlichen, sachenrechtlichen Erwägungen in den normalen Ablauf eines Rechtsverhältnisses eingreifen, kann das zu abweichender Begrenzung führen. Nach § 244 BGB darf der Verpflichtete eine Schuld fremder Währung in deutschem Geld bezahlen: das gilt ohne Rücksicht auf die schuldrechtlich maßgebende Rechtsordnung für jede Zahlung, die unter deutschem Rechtsschutz erfolgt. Denn es handelt sich um ein Vorrecht, das der Inlandswährung zukommen soll. Insbesondere richtet sich auch eine Aufwertung nicht nach der lex causae, sondern nach dem Recht des Landes, auf dessen Währung die Geldschuld geht. Die Aufwertung soll den Schaden mindern, der bei einer Geldentwertung aus der Bindung der Währung an den Nennwert folgt. Solche Bindung an den Nennwert begründet das Verwaltungsrecht des Staats der Währung: dann muß auch die schuldrechtliche Ergänzung des Grundsatzes derselben Rechtsordnung entnommen werden. Näheres hiezu und über weitere Fragen des internationalen Währungsrechts bei NEUMEYER, Internationales Verwaltungsrecht 3II 118—387. Über gleichartige Fragen bei Verwendung von Maß und Gewicht ebenda 40 ff.

§ 19. Die Form der Rechtsgeschäfte. Eine Sonderbehandlung von Fragen des Allgemeinen Teils hat sich für das IPR nur nach zwei Richtungen herausgebildet, für die Rechtsfähigkeit und Geschäftsfähigkeit, von denen unten §§ 20 ff. zu handeln sein wird; und für die Form der Rechtsgeschäfte. Formerfordernisse sind Voraussetzungen für das Zustandekommen eines Rechtsgeschäfts, nicht anders wie dessen sachliche Voraussetzungen. Deshalb bleibt auch für Formvorschriften grundsätzlich die lex causae maßgebend. Entsprechendes bestimmt Art. 11 Satz 1 EG. Also ein Deutscher kann im Ausland ein eigenhändiges Testament nach Maßgabe des deutschen Rechts errichten. Jedoch zur Erleichterung des geschäftlichen Verkehrs verweist eine alte Übung auf die Formen, die am Ort des Geschäftsschlusses gelten: „locus regit actum", zuweilen als zwingende Regel gemeint, für das jetzt geltende deutsche Recht in Art. 11 Satz 2 zu einer Wahlmöglichkeit für die Parteien ausgestaltet. Sein Testament kann der Auslandsdeutsche auch in den Formen des Orts der Verfügung errichten. (Über Sondervorschriften unten §§ 24, 34.) Indessen gilt die Regel nur für die Form der Rechtsgeschäfte, d. h. für Handlungen, die bestimmt sind, den rechtsgeschäftlichen Willen erkennbar zu machen, mit Einschluß der behördlichen Handlungen, die erforderlich sind, den von der Partei beabsichtigten Erfolg herbeizuführen (häufige Überspannung des Formbegriffs in ausländischen Jurisprudenzen!). Sie gilt insoweit aber auch für die Wirkungen der gewählten Form: hat ein Ausländer als Fahrgast eines deutschen Dampfers auf hoher See ein Seetestament in den erleichternden Formen des deutschen Rechts gemacht, so ist das Testament formgültig errichtet, aber es gilt nur für die beschränkte Frist, für die das deutsche Recht solchen Testamenten Wirksamkeit zuschreibt. Ort des Rechtsgeschäfts ist der Ort, an dem die Partei ihre Erklärung zum Abschluß gebracht hat (der Ort, an dem die Vollmacht unterzeichnet wurde; dieser, da die Vollmacht einseitiges, wenn auch empfangsbedürftiges Rechtsgeschäft, ohne Rücksicht auf den Ort des Empfängers); bei Verträgen entscheidet für das IPR Deutschlands in Analogie des § 151 BGB der Ort, an dem der Antrag zum Vertragsschluß angenommen wurde. Eine wesentliche Einschränkung jedoch empfängt die Regel locus regit actum aus Art. 30 EG: wenn ein Rechtsgeschäft dem deutschen Recht unterworfen ist und es stellt das deutsche Recht für ein solches Geschäft erschwerende Formvorschriften auf, so würde es gegen den Zweck dieser Vorschriften verstoßen, wenn sie in Benutzung leichterer Vorschriften des Abschlußorts umgangen werden könnten (vgl. das Beispiel oben § 10).

Wo für die Erreichung eines privatrechtlichen Erfolgs die Mitwirkung öffentlicher Behörden erforderlich wird (Mitwirkung des Standesbeamten zur Eheschließung, des Gerichts zur Ehescheidung), da bildet es einen Teil der Formvorschrift des bürgerlichen Rechts, daß die bezeichnete Behörde, und daß sie auf eine bezeichnete Weise mitzuwirken habe. Aber die Tätigkeit der Behörde selbst ist als ein hoheitlicher Akt nach Voraussetzungen, Formen und Wirkungen ausschließlich dem Recht des handelnden Staats unterworfen, und es ist auch die Zuständigkeit des Staats zu solchem Handeln lediglich nach den Regeln seines Rechts, nicht etwa nach jenen zu prüfen, die lex causae oder lex loci actus über die Zuständigkeit enthalten. Das Gesagte gilt im besonderen für die Aufnahme öffentlicher Urkunden. Das beurkundete Rechtsgeschäft steht hier selbstverständlich unter der privatrechtlich maßgebenden, möglicherweise also unter einer ausländischen Rechtsordnung. Für die Beurkundung als Hoheitsakt kann nur das Recht des Staats in Betracht kommen, der der Urkunde öffentlichen Glauben verleiht. Eine Zuständigkeit zur Beurkundung von Rechtsgeschäften des bürgerlichen Rechts nimmt das Reich regelmäßig ohne jede Beschränkung in Anspruch, und im gleichen Umfang wird, seitdem es ein IPR gibt, die Zuständigkeit des Auslands anerkannt; wo das bürgerliche Recht Deutschlands öffentliche Urkunden fordert, sind deshalb Urkunden des Auslands mangels ausdrücklicher Bestimmung des Gegenteils gleichwertig. Nur für die Beurkundung sachenrechtlicher Geschäfte (das ist wohl der wirkliche Sinn des nicht sehr glücklich gefaßten Art. 11^{II} EG) soll die Zuständigkeit des Staats, in dem die Sache belegen ist, ausschließlich sein.

Eine weitere Beschränkung der Zuständigkeit ergibt sich für die Beurkundungen, die der Konsul nach Herkommen oder Staatsvertrag im Ausland vornimmt. Denn er ist — dahin geht wenigstens der Grundgedanke — lediglich berufen, Urkunden über Rechtsgeschäfte aufzunehmen, die nach IPR seiner heimischen Rechtsordnung unterstellt sind. Zahlreiche deutsche Staatsverträge benutzen und modifizieren diesen Grundgedanken. Jedenfalls aber fordert § 16 des Konsulatsgesetzes, daß eine der Parteien des Rechtsgeschäfts Deutscher sein müsse.

Personen- und Familienrecht.

§ 20. Das Personalstatut. Seit Ausgang des Mittelalters haben sich unter den Rechtsvorschriften Gesetze herausgehoben, die die Rechtslage der Person als solcher betreffen (statuta personalia) und deshalb dem Recht der Gemeinschaft entnommen werden, der die Person am nächsten verbunden ist. Das war zunächst ohne weiteres der Wohnsitz gewesen. Seit aber mit der Verselbständigung des Begriffs der Staatsangehörigkeit zuerst der Code civil die persönlichen Verhältnisse nach dem Recht des Staats bestimmte, dessen Angehörigkeit die Person besitzt, hat diese Anknüpfung wachsende Verbreitung gefunden und ist in Abweichung von der Rechtslage, die bis dahin in den meisten Teilen Deutschlands bestand, auch vom Einführungsgesetz aufgenommen worden. Wohnsitzprinzip gilt heute noch für Dänemark, Norwegen, die vormaligen Ostseeprovinzen, für den angloamerikanischen Rechtskreis, einige Länder Südamerikas, zum Teil auch für die Schweiz, und es haben die Angehörigen dieser Staaten, die in Deutschland wohnen, kraft Art. 27 EG (Rückverweisung) deutsches Personalstatut. Der Besitz der Staatsangehörigkeit aber bestimmt sich (anders als bei allen andern Anknüpfungen, die nur nach Inlandsrecht beurteilt werden) nach dem Recht des Staats, dessen Angehörigkeit in Frage ist. Entbehrt jemand der Staatsangehörigkeit, so entscheidet, wie auch Art. 29 vorschreibt, zunächst die vormalige Staatsangehörigkeit; in Ermangelung einer solchen muß als nächstverwandte Anknüpfung der Wohnsitz, hilfsweise sogar der Aufenthalt verwertet werden. Besitzt jemand eine mehrfache Staatsangehörigkeit und es ist darunter die des Inlands, so kann der gleichzeitige Besitz einer ausländischen Staatsangehörigkeit außer acht bleiben. Mehrere ausländische Staatsangehörigkeiten dagegen sind unter sich schlechthin gleichberechtigt, so daß auch hier die Notwendigkeit erwächst, zu einer anderen Anknüpfung zu greifen: wiederum dem Wohnsitz und bei mehrfachem oder mangelndem Wohnsitz dem Aufenthaltsort. Zerfällt endlich der Heimatstaat der Person in mehrere Privatrechtsgebiete, so ist es ein Stück seiner zur Anwendung berufenen Rechtsordnung, wenn dasjenige Teilrechtsgebiet als zuständig anerkannt wird, dem die Person nach Zuweisung des Heimatstaats angehört (dazu oben § 16).

Auch juristische Personen besitzen regelmäßig eine Staatsangehörigkeit, diejenige des Staats, der sie geschaffen hat. Doch eignet sich dieser Begriff nicht zur Bestimmung ihrer Rechtslage, vgl. unten § 21. — Durchaus selbständig neben der Staatsangehörigkeit natürlicher und juristischer Personen war ihre für das Kriegsrecht wesentliche Eigenschaft als „feindliche" Person zu bestimmen.

§ 21. Die Rechtsfähigkeit. Rechtsfähigkeit bedeutet Teilnahme an der Rechtsordnung, Geschäftsfähigkeit selbständige Teilnahme an der Rechtsordnung. Das Bedürfnis einheitlicher Feststellung, ob jemand Rechtssubjekt ist oder nicht (der nicht lebensfähig Geborene, der Verschollene), führt zu einer Verweisung auf diejenige Gesetzgebung, die, Rechtsfähigkeit vorausgesetzt, Personalstatut wäre. Wo der Mangel der Rechtsfähigkeit nicht aus natürlichen, sondern aus juristischen Gründen hergeleitet würde (Sklaverei, Klostertod), entscheidet das für die entrechtende Einrichtung maßgebende Recht — jedoch unter dem hier besonders wesentlichen Vorbehalt des Art. 30.

Zuständigkeit zur Todeserklärung als konstitutiver Beendigung der Rechtsfähigkeit kommt dem Heimatstaat zu, wird aber mit Rücksicht auf die Bedürfnisse des örtlichen Verkehrs auch andern Staaten zugebilligt werden müssen, sofern die Voraussetzungen des Heimatstaats dabei gewahrt bleiben. Art. 9I anerkennt den ersteren Grundsatz, fügt in Abs. III einen Exklusivsatz zum Schutz verlassener deutscher Frauen bei; Abs. II gibt selbständigen Schutz des inländischen Rechtsverkehrs, in empfindlicher Überspannung deutscher Zuständigkeit, die auf Anerkennung seitens des Auslands nicht rechnen kann.

Es handelt sich bei Rechtsfähigkeit und Geschäftsfähigkeit um Rechtsverhältnisse des öffentlichen Rechts, bei denen zunächst nur das Verhältnis zum Rechtsschutz des Inlands in Betracht kommt; und es führt erst eine materiellrechtliche Verweisung zu der Rechtslage, die insoweit im Heimatstaat der Person besteht. Doch bewirkt dieser Umstand gerade hier keinen Unterschied der Rechtsfolgen gegenüber Tatbeständen des Privatrechts, auf die heimatliches Recht ohne weiteres als Personalstatut angewendet werden kann.

Völlig verschieden von dieser allgemeinen Rechtsfähigkeit als der Eigenschaft, Rechtssubjekt zu sein, ist die besondere Rechtsfähigkeit, bei der es sich nicht um einen verselbständigten Status, sondern nur um die Zulassung zu einer einzelnen Rechtseinrichtung handelt, und die jene Eigenschaft als Rechtssubjekt gerade voraussetzt, z. B. die „Fähigkeit" der Frauen, Vormund zu sein, der Studenten, einen Wechsel zu zeichnen. Hier handelt es sich um nichts anderes als um die Voraussetzungen eben dieser Rechtseinrichtung, es ist ein Stück Vormundschaftsrecht, ob Frauen ein solches Amt übernehmen können, ein Stück Wechselrecht, ob die Verpflichtung eines Studenten gilt, und darum kann auch über solche Voraussetzungen nur die lex causae entscheiden. (Abweichung in Art. 84 WO.)

§ 22. Fortsetzung. **Die juristischen Personen.** Nirgends besteht ein dringenderes Bedürfnis, die Eigenschaft als Rechtssubjekt einheitlich und dauernd festgestellt zu sehen, als bei juristischen Personen. Ihre Staatsangehörigkeit freilich ist zur Bemessung dieser Eigenschaft nicht verwertbar; denn Staatsangehörigkeit als ein Rechtsverhältnis hat den Besitz der Rechtsfähigkeit bereits zur Voraussetzung. Die wesentliche und dauernde Beziehung aber, die eine Personengemeinschaft oder Vermögensmasse mit einem Staat verbindet, ist ihr Sitz, genauer der Ort, an dem ihre Verwaltung geführt wird; der hier herrschende Staat entscheidet demgemäß über ihre Rechtsfähigkeit (vgl. §§ 22, 24, 80 BGB). Satzungsmäßige Bestimmung eines Sitzes, an dem in Wirklichkeit die Verwaltung nicht geführt wird, ist internationalrechtlich so wertlos, wie sonst die Verfügung über staatliche Zuständigkeit durch Parteiautonomie (Gewerkschaften „gothaischen Rechts“, die Bergbau in Preußen treiben). Verlegung des Sitzes in einen andern Staat unterstellt die Person dem Staat der nunmehrigen Niederlassung unter Wahrung ihrer Identität, sofern nicht, was im Zweifel nicht anzunehmen ist, der Staat des bisherigen oder des neubegründeten Sitzes an eine solche Verlegung den Untergang der Rechtspersönlichkeit knüpft. Wo es sich um eine Zweigniederlassung handelt, beispielsweise die Filiale eines Klosters, da stehen deren rechtliche Beziehungen als eine innere Angelegenheit der Person unter dem Recht am Ort ihrer Hauptniederlassung; ob aber der Zweigniederlassung selbst die Stellung einer juristischen Person zukommt, muß das Recht am Ort dieser Zweigniederlassung entscheiden. — Juristische Personen, denen auf Grund ihres Sitzes ein ausländischer Staat die Rechtsfähigkeit verliehen hat, werden auch bei uns als Rechtssubjekt anerkannt (eine Folgerung, der sich ausländische Jurisprudenzen zum Teil noch verschließen). Für juristische Personen des öffentlichen Rechts ergibt sich das schon aus Völkerrecht. Zahlreiche Staatsverträge (in Deutschland zum Teil unzureichend veröffentlicht) stellen die Anerkennung für die Gemeinschaftsbildungen des wirtschaftlichen Verkehrs sicher. Im übrigen gewährt eine solche Anerkennung der Rechtsfähigkeit nicht etwa schon die gewerbepolizeiliche Zulassung für das Inland.

Für einen kleinen Teil der juristischen Personen des Auslands: für Vereine, die nicht unter Handelsrecht stehen, fordert Art. 10 EG neben einer Gewährung der Rechtsfähigkeit durch den Heimatstaat noch ergänzend die Anerkennung des deutschen Bundesrats (jetzt Reichsrats). — §§ 23, 80 BGB haben bei richtiger Auslegung keinen internationalrechtlichen Inhalt; sie beziehen sich auf Vereine und Stiftungen in den vormaligen Schutzgebieten und Bezirken deutscher Konsulargerichtsbarkeit. Eine bedenkliche Praxis benutzt die Stellen als Grundlage für eine Verleihung deutscher Rechtsfähigkeit an Verbände ausländischen Sitzes, die im Interesse des Deutschtums tätig werden, und anerkennt gleichartige Verleihungen des Auslands an Verbände im Reich. — Über die engen Wechselbeziehungen zwischen dem internationalen Zivilrecht und dem internationalen Verwaltungsrecht der juristischen Personen NEUMEYER, Internationales Verwaltungsrecht 1, 106ff.; 2, 177, 189ff.

Die von einem Staat geschaffene juristische Person bedarf nun aber noch der inneren Organisation, um am Rechtsverkehr teilnehmen zu können. Auch hierüber — über die Organe der Aktiengesellschaft beispielsweise und deren wechselseitige Beziehungen — kann nur der Staat entscheiden, der die Person geschaffen hat. Neuere Verträge über Anerkennung juristischer Personen enthalten ausdrückliche Bestimmungen dieses Inhalts.

§ 23. Geschäftsfähigkeit. Wie die Rechtsfähigkeit, so hat die kontinentaleuropäische Auffassung auch die Geschäftsfähigkeit von den sonstigen Voraussetzungen der Rechtsgeschäfte abgelöst und zu einem selbständigen Status ausgestaltet. Auch ihr Besitz wird nach den Gesetzen des Heimatstaats beurteilt.

So ausdrücklich Art. 7^{I} EG. Abs. III bringt einen Exklusivsatz zum Schutz des inländischen Verkehrs, mit Rücksicht auf die ihm entspringenden Schwierigkeiten gegenüber dem Ausland von zweifelhaftem Nutzen. — Keine Verwechslung von Geschäftsunfähigkeit und Rechtsunfähigkeit! Kennzeichen der einen oder andern Eigenschaft ist, ob die verwehrte Handlung durch einen Vertreter wirksam vorgenommen werden kann. Keine Verwechslung von Geschäftsunfähigkeit und Beschränkung der Verfügungsmacht auf Grund eines besondern Rechtsverhältnisses, z. B.

des Gemeinschuldners nach Konkursrecht, der Ehefrau auf Grund ehelichen Güterrechts; solche Beschränkungen stehen unter der Rechtsordnung, die für das eheliche Güterrecht, das Konkursrecht maßgebend ist. Nach der ersteren Richtung erscheint Art. 84 WO, nach der zweiten § 11a GewO sehr anfechtbar.

Entsprechend ist die Großjährigkeitserklärung als Verleihung der Geschäftsfähigkeit, die Entmündigung als deren Entziehung Sache des Heimatstaats. Doch kann ein Bedürfnis zur Entmündigung auch am Wohnsitz erwachsen. Art. 8 EG anerkennt diese Notwendigkeit für Ausländer in Deutschland (Exklusivsatz), wobei die deutschen Behörden in solchem Fall auch Voraussetzungen und Wirkungen der Entmündigung nach deutschem Recht zu beurteilen haben.

Das Haager Entmündigungsabkommen vom 17. 7. 1905 stimmt mit dem deutschen internationalen Entmündigungsrecht in den Grundgedanken überein, bindet den Wohnsitzstaat bei einer Entmündigung jedoch gleichzeitig an die Voraussetzungen, die der Heimatstaat für eine Entmündigung aufstellt. — O. LEVIS, Das internationale Entmündigungsrecht, 1906.

§ 24. Eheschließung. Die Familie als der tragende Unterbau des Volksganzen ist der Rechtsgemeinschaft dieses Volkes zunächst verbunden; der Heimatstaat gibt ihr die rechtliche Grundlage, und das gilt auch für die Eheschließung. In beschränktem Umfang wirkt der moderne Staat schon zum Zustandekommen der einzelnen Ehe durch seine Behörden mit, und es kann diese Zuständigkeit, sofern nur inhaltlich das heimatliche Recht gewahrt wird, dem Bedürfnis entsprechend im weitesten Umfang gewährt und im gleichen Maße dem Ausland gegenüber anerkannt werden.

Mittelbar ergibt sich die Zuständigkeit Deutschlands, Trauung zu gewähren, aus § 1320 BGB (unmittelbar handelt die Stelle von der örtlichen Zuständigkeit des einzelnen Standesbeamten in seinem Verhältnis zu den Standesbeamten anderer deutscher Bezirke); und auch eine Überschreitung der hier gezogenen Grenzen macht die trotzdem geschlossene Ehe nicht nichtig. — Auf Grund des Reichsgesetzes vom 4. 5. 1870, näher geregelt in mehreren Staatsverträgen, können auch deutsche Gesandte und Konsuln im Ausland als Standesbeamte tätig werden. Hier wird die Zuständigkeit — nach § 10 des Gesetzes muß wenigstens einer der Verlobten Deutscher sein — zwingend umgrenzt.

Das sachlich maßgebende Eherecht aber ist hierbei (vorbehaltlich Rückverweisung) dasjenige des Heimatstaats, und wenn die beiden Verlobten verschiedenen Staaten angehören — das ist auch der Standpunkt des Art. 13I EG — so muß ein jeder der Verlobten denjenigen Anforderungen genügen, die sein heimatliches Recht für ihn aufstellt. Danach kommt es etwa für das Ehehindernis der Wartezeit auf das Recht der Frau, für dasjenige des Zwangs, Irrtums, Betrugs auf die Gesetze des Teils an, der durch solche Normen geschützt werden soll. Andere Vorschriften, das Ehehindernis der Verwandtschaft oder des Ehebruchs, wirken zweiseitig und stehen darum der Eheschließung entgegen, wenn auch nur eine der beteiligten Gesetzgebungen ein solches Hindernis kennt. Der hiernach zuständige Staat aber entscheidet auch über die Möglichkeit einer Befreiung und über die Wirkungen des Ehehindernisses.

Für die Form der Eheschließung gelten zunächst die allgemeinen Regeln: es genügt für den formgültigen Abschluß Befolgung des beiderseitigen Personalstatuts und genügt Einhaltung der Formen des Abschlußorts. Ein Deutscher kann im Ausland in den Formen des deutschen Rechts (nämlich durch Trauung seitens des deutschen Gesandten oder Konsuls, s. oben) und in den Formen des Ortsrechts, also etwa in Österreich mit kirchlicher Trauung, in Schottland durch Abschluß einer Konsensehe gültig heiraten. Nur für Eheschließungen in Deutschland hat Art. 13III EG mit Rücksicht auf die gleichmäßige Durchführung der Zivilehe die örtliche Eheschließungsform auch Ausländern gegenüber als zwingend erklärt. Ist einer der berufenen Gesetzgebungen aber Genüge getan, so ist die Ehe formgültig geschlossen, auch wenn bei Ausländern das heimatliche Recht, bei einer Eheschließung im Ausland das örtliche Recht die gewählte Form nicht als ehebegründend anerkennt (ein Pole kann in Paris durch standesamtliche Trauung und durch kirchliche Trauung allein eine gültige Ehe eingehen, obwohl die erstere Form das polnische, die zweite das französische Recht nicht gelten läßt). — Das Gesagte gilt auch für das Aufgebot als einen Teil des Eheschließungsverfahrens (vgl. § 1322 II BGB). Doch kommt es, wie in Italien, auch als sachliches Eheerfordernis vor, daß das Aufgebot gerade im Heimatstaat erfolgen müsse.

Das Haager Eheschließungsabkommen, 12. 6. 1902, ist in seiner äußeren Erscheinung sehr verwickelt durch den (am Widerstand der kirchlich gerichteten Staaten zuletzt doch gescheiterten) Versuch, zwischen den Staaten weltlichen und kirchlichen Eherechts zu vermitteln. Sieht man von den zahlreichen Abbiegungen der Grundsätze ab, die im Dienst eines solchen Ausgleichs gemacht wurden, so stehen die Lösungen des Abkommens in wesentlicher Übereinstimmung mit denjenigen des deutschen IPR. — Über Beziehungen zum internationalen Verwaltungsrecht, insbesondere über das Ineinandergreifen kirchlicher und weltlicher Ehegesetzgebungen, NEUMEYER, Internationales Verwaltungsrecht 1, 16ff., 33ff., 470ff. Rechtsvergleichung hieher und zum folgenden bei A. BERGMANN, Internationales Ehe- und Kindschaftsrecht, 3 Bde., 1926/28. Reiches Material in der Zeitschrift für Standesamtswesen.

Auch das Verlöbnis steht als familienrechtlicher Vertrag unter dem heimatlichen Recht der Beteiligten, seine Form unter Art. 11 EG. Gehören die Verlobten verschiedenen Staaten an, so kommt ein Verlöbnis nur zustande und erzeugt es Rechtswirkungen nur, soweit dies bei Anwendung beider Rechte begründet ist.

§ 25. Persönliches Eherecht und eheliches Güterrecht. Auch die bestehende Ehe ist der Obhut des Heimatstaats anheimgegeben. Das gilt zunächst für das persönliche Eherecht (das auch diejenigen vermögensrechtlichen Beziehungen unter den Ehegatten umfaßt, bei denen es sich nicht um die Teilung des ehelichen Vermögens zwischen Mann und Frau handelt). Und da die bestehende Ehe einheitlicher Ordnung unterstellt sein muß, entscheidet (wie für eheliches Güterrecht und Scheidung ausdrücklich angeordnet) in dem allerdings seltenen Fall einer Rechtsverschiedenheit von Mann und Frau das Recht des Mannes. Bei einem Wechsel der Staatsangehörigkeit ist das Recht der Ehe wandelbar, und es kommt auf die Gesetze an, die je im Zeitpunkt des rechtserzeugenden Tatbestands die heimatlichen sind.

Entsprechend Art. 14 EG. In Abs. II ein Exklusivsatz zum Schutz verlassener deutscher Frauen.

Auch für das eheliche Güterrecht ist der Ausgangspunkt der gleiche. Nur daß aus Zweckmäßigkeitsgründen, die weithin Anerkennung gefunden haben, das heimatliche Recht des Mannes, so wie es im Zeitpunkt der Eheschließung besteht, für die Dauer der Ehe unwandelbar maßgebend bleibt. Diese Ordnung aber gilt gleichermaßen für den gesetzlichen Güterstand und für die Möglichkeit seiner Abänderung durch Ehevertrag, und sie ergreift das Vermögen der Gatten als Einheit; der einzelne Vermögensgegenstand mit seinen örtlichen Beziehungen bleibt dabei außer Betracht.

So Art. 15 EG Abs. I und Abs. II Satz 1. Satz 2 bringt eine Abweichung hinsichtlich der Statthaftigkeit von Eheverträgen, die den inländischen Rechtsverkehr erleichtern soll, den internationalen Verkehr zum Teil empfindlich beeinträchtigt. — Keine Verwechslung güterrechtlicher Beschränkungen der Verfügungsmacht mit Beschränkungen der Geschäftsfähigkeit, wie sie z. B. die französische Ehefrau treffen, vgl. oben § 23. Trennung der güterrechtlichen und der erbrechtlichen Tatbestände!

Das eheliche Güterrecht, zunächst eine Angelegenheit zwischen den Ehegatten, hat aber auch eine Seite, die sich nach außen wendet, gegen die Gläubiger der Gatten. Schutzbestimmungen zu deren Gunsten wie etwa die Vermutung, daß der gesetzliche Güterstand gelte, wenn nicht das Gegenteil aus dem Güterrechtsregister hervorgeht, auch ähnliche Bestimmungen des persönlichen Eherechts wie die Vermutung, daß der Frau die Schlüsselgewalt zustehe, haben ihr örtliches Schwergewicht am Mittelpunkt der tatsächlichen Lebensführung der Gatten, und es versuchen Art. 16 EG und § 11a II, III GewO diesem Rechtsgedanken (im einzelnen nicht frei von Willkür) durch Abstellung auf den Wohnsitz Rechnung zu tragen.

Eines der Haager Abkommen vom 17. 7. 1905 behandelt das persönliche Eherecht (abgesehen von dessen vermögensrechtlichen Bestandteilen) und das eheliche Güterrecht in den Grundzügen völlig übereinstimmend mit dem deutschen IPR.

§ 26. Ehescheidung. Die Aufhebung einer bestehenden Ehe ist nach deutschem Recht ein staatlicher Hoheitsakt, der mit einem Rechtsstreit darüber verbunden ist, ob die Voraussetzungen zu seiner Vornahme gegeben sind. Die Zuständigkeit zu solcher Ehelösung kommt grundsätzlich wiederum dem Heimatstaat zu. Doch fordert die Rücksicht auf die Parteien auch eine Zuständigkeit im Staat des Wohnsitzes. Entsprechende Anwendung des § 606 ZPO (unmittelbar handelt die Stelle von der örtlichen Zuständigkeit des einzelnen Gerichts) zeigt die Aufnahme dieser beiden Anknüpfungen. Da aber eine Scheidung am Wohnsitz, die der Heimatstaat nicht anerkennt, besonders unerwünscht ist, hat § 606 IV ZPO die Zuständigkeit des deutschen Wohnsitzes vorweg von einer Anerkennung des Heimatstaats abhängig gemacht (solche Anerkennung mangelt beispielsweise in Österreich, Ungarn, der Tschechoslowakei). Andererseits anerkennt Deutschland Scheidungen, die ein fremder Staat kraft Staatsangehörigkeit oder (mit der erwähnten Beschränkung) kraft Wohnsitzes ausspricht — auch ein Deutscher kann an seinem ausländischen Wohnsitz zuständigerweise geschieden werden. Nur daß bei der Verschmelzung des Ehetrennungsakts mit dem Rechtsstreit über seine Voraussetzungen, wie sie dem deutschen Recht eigentümlich ist, gerichtliche Scheidungen des Auslands als Urteile behandelt werden, und ihre Anerkennung damit den Beschränkungen des § 328 ZPO unterliegt.

Inhaltlich müssen die Voraussetzungen einer Ehescheidung stets dem Recht des Staats entnommen werden, dessen Staatsangehörigkeit der Ehemann im Zeitpunkt der Klageerhebung besitzt. Dem Recht des Mannes als der einheitlichen für die Ehe bestehenden Ordnung. Und da aus praktischen Gründen nicht erst auf das Recht im Zeitpunkt des Scheidungsausspruchs abgestellt werden kann, so muß an dessen Stelle der Zeitpunkt der Klageerhebung treten. Doch pflegt eine Scheidungsfreiheit, die das heimatliche Recht über das Maß der örtlichen Gesetzgebung hinaus gewährt, besonders häufig auf Bedenken zu stoßen, und auch das deutsche Recht hat sie durch eine spezialisierte Vorbehaltsklausel unterbunden.

Vgl. Art. 17 Abs. I und IV EG. In Abs. III wiederum ein Exklusivsatz zum Schutz verlassener deutscher Frauen. Abs. II will für den Fall eines Staatsangehörigkeitswechsels während der Ehe dem Gedanken Raum schaffen, daß nur Handlungen, die im Zeitpunkt ihrer Vornahme vom zuständigen Recht mißbilligt sind, als Scheidungsgrund verwertet werden sollen.

Für die Form der Scheidung steht gemäß Art. 11 EG das heimatliche Recht und das Recht des Scheidungsortes zur Wahl. Ist die deutsche Form gewählt, d. h. Scheidung durch gerichtliches Urteil, so bleibt für das Erfordernis einer abweichenden Form nach heimatlichem Recht (z. B. kirchliche Mitwirkung) kein Raum. Der heimatlichen Form kann unter Umständen die Vorbehaltsklausel entgegen sein (private Aushändigung eines Scheidebriefs, bei der die Scheidung der Unbestreitbarkeit ermangelt).

Hinsichtlich der Wirkungen darf zweierlei nicht vermischt werden: die Scheidung als ehevernichtender Akt muß diejenigen Wirkungen haben, die der handelnde Staat mit seinem Eingreifen verbindet (die Ehe hat aufgehört zu bestehen, die Gatten können ohne Rücksicht, ob ihr Personalstatut die Scheidung anerkennt, eine neue Ehe eingehen; die Scheidung kann andererseits auch Ausländern gegenüber mit der abgeschwächten Wirkung einer „Aufhebung der ehelichen Gemeinschaft" erfolgen). Insoweit es sich bei der Scheidung aber um die Nachwirkungen der bisher bestehenden Ehe handelt, verbleibt es wiederum bei dem heimatlichen Recht.

Italien kennt keine Ehescheidung, Österreich nicht für Katholiken. Das Ersatzmittel dieser Rechte, Trennung von Tisch und Bett, erklärt ein nicht zu billigender Plenarbeschluß des Reichsgerichts vor deutschen Gerichten unanwendbar. — Haager Scheidungsabkommen, 12. 6. 1902: stimmt in den leitenden Gedanken völlig mit dem deutschen IPR überein.

§ 27. Eltern und Kinder. Zunächst entscheidet über die Vorfrage, ob das in oder nach einer gültigen Ehe geborene Kind als ehelich zu betrachten ist, heimatliches Recht des Ehemannes der Mutter (Art. 18 EG). Für das Rechtsverhältnis aber zwischen Eltern und ihren ehelichen Kindern ist der Vater die maßgebende Persönlichkeit, und seine Staatsangehörigkeit bestimmt die zuständige Rechtsordnung. Ist die elterliche Gewalt des Vaters erloschen, so entscheidet nunmehr die Staatsangehörigkeit der Mutter, falls nach ihrem Personalstatut die elterliche Gewalt auf sie übergeht. Das Recht der elterlichen Gewalt ist wandelbar, bei einem Wechsel der Staatsangehörigkeit dem jeweiligen heimatlichen Recht unterworfen.

Entsprechend Art. 19 EG. In Satz 2 ein Exklusivsatz zum Schutz verlassener deutscher Kinder. — Eine konstitutive Beschränkung oder Entziehung der elterlichen Gewalt (vgl. §§ 1666, 1680 BGB) kann in Deutschland gegenüber deutschen Eltern in jedem Fall verfügt werden, muß nach Maßgabe des Bedürfnisses aber auch gegenüber Ausländern statthaft sein. Dabei fordert alsdann der Zweck der Maßregel, daß sie auch inhaltlich ohne Rücksicht auf das heimatliche Recht der Beteiligten durchgeführt wird. Eine Zuständigkeit ausländischer Behörden ist im gleichen Umfang anzuerkennen; doch kann sie nur wirksam werden, wenn das heimatliche Recht der Beteiligten eine Beschränkung dieser Art vorsieht.

Entsprechend bemißt sich das Rechtsverhältnis des unehelichen Kindes zu seiner Mutter nach deren heimatlichem Recht. Aber auch die Beziehungen des Erzeugers zu seinem unehelichen Kind nach ihren Voraussetzungen und Wirkungen unterstellt das Gesetz als ein familienrechtliches Verhältnis sachgemäß dem heimatlichen Recht der Mutter im Zeitpunkt der Geburt; wie auch die Beziehungen, die zwischen Erzeuger und Mutter aus der Geburt des Kindes erwachsen, demselben Recht unterworfen werden.

So Art. 20, 21. In Art. 20 wiederum Exklusivsatz zum Schutz verlassener deutscher Kinder. In Art. 21 glaubt das Gesetz durch eine spezialisierte Vorbehaltsklausel auch noch vorsorgen zu sollen, daß dem Erzeuger in keinem Fall schwerere Lasten erwachsen, als sie nach deutschem Recht begründet sind.

Die Legitimation gibt die Stellung eines ehelichen Kindes und rückt damit wieder das heimatliche Recht des Vaters, wie es im Zeitpunkt der Legitimation besteht, in den Vordergrund. Und auch die Ehelicherklärung als ein Hoheitsakt für den einzelnen Fall kommt lediglich dem Heimatstaat des Vaters zu (vgl. BGB § 1723). Nur soll mit Rücksicht auf den Familienwechsel, der bei einer Legitimation erfolgt, die Einwilligung des Kindes oder seiner Angehörigen erholt werden, wenn nach dem Personalstatut des Kindes eine solche Einwilligung geboten ist (Art. 22). Bei der Gleichartigkeit der Rechtslage — auch hier handelt es sich um den Übergang in eine andere Familie — gilt das Gesagte auch für die Annahme an Kindesstatt. Eine Befreiung von Beschränkungen des Rechtsgeschäfts steht wiederum dem Heimatstaat des Annehmenden zu (vgl. BGB § 1745). Für eine gerichtliche Mitwirkung bei der Annahme hingegen zieht das deutsche Recht weitere Grenzen: Heimat, Wohnsitz, Aufenthalt begründen die Zuständigkeit für Inland und Ausland (vgl. zunächst in bezug auf die örtliche Zuständigkeit des einzelnen Gerichts § 66 FreiwGG); das entspricht dem Bedürfnis und ist unschädlich, weil die Mitwirkung nur ergänzend erfolgt und nur nach Maßgabe des heimatlichen Rechts Bedeutung erlangt.

Über Fürsorgeerziehung als Einrichtung des Verwaltungsrechts NEUMEYER, Internationales Verwaltungsrecht 1, 228ff.

§ 28. Vormundschaft. Einsetzung und Beaufsichtigung einer Vormundschaft sind hoheitliche Handlungen im Bereich des Familienrechts, zu deren Vornahme wiederum der Heimatstaat zunächst berufen ist. Doch fordert ein unabweisliches Bedürfnis, wenigstens hilfsweise eine Zuständigkeit auch am Wohnsitz zu begründen, und das deutsche Recht erstreckt sie neben den genannten Anknüpfungen auch auf (länger dauernden) Aufenthalt in einem Staat. Vormalige persönliche Beziehungen zu einem Staat hingegen reichen nicht aus, die Zuständigkeit zu tragen, und auch der Besitz vom Vermögen im Land hat (im Gegensatz zu angloamerikanischen Anschauungen) keine solche Wirkung. Die Zuständigkeit des deutschen Wohnsitzes oder Aufenthalts gegenüber Ausländern ist von vornherein subsidiär. Bevormundung eines Deutschen im Ausland kann unter den gesetzlich vorgesehenen Kautelen bewirken, daß eine Vormundschaftsführung in Deutschland unterbleibt; bestehen die beiden Vormundschaften nebeneinander, so geht für ihren Bereich (es ist aber auch eine Beschränkung der deutschen Vormundschaft z. B. hinsichtlich der Vermögensverwaltung möglich) die deutsche Regelung innerhalb des deutschen Rechtsschutzes vor.

Auch inhaltlich ist hierbei das Recht des Staats maßgebend, unter dessen Hoheit die Vormundschaft geführt wird. Das gilt zunächst für die Beziehungen zwischen Staat und Vormund, da der Vormund als das Organ des ihn bestellenden Staates tätig wird. Aber auch die Rechtsbeziehungen zwischen Vormund und Mündel sind nur die Entfaltung des Hoheitsaktes, der dem Vormund Gewalt über den Mündel verliehen hat. Dagegen ist die Frage, unter welchen Voraussetzungen eine Vormundschaft eingesetzt werden soll, gleichbedeutend mit der Frage, ob und in welchem Umfang dem Mündel die Geschäftsfähigkeit mangelt, daher nach Personalstatut, bei Ausländern also regelmäßig nach ausländischem Recht zu beantworten.

Zu vorläufigen Maßregeln besteht Zuständigkeit in dem Staat, in dem sich ein Bedürfnis nach ihnen ergibt, und entsprechend den in diesem Staat geltenden Gesetzen.

Teilregelungen in Art. 23 EG und § 47 FreiwGG; vgl. auch § 36 dieses Gesetzes (zunächst über örtliche Zuständigkeit des Vormundschaftsgerichts). — Eine Anzahl deutscher Konsularverträge ermöglicht den ausländischen Konsuln in Deutschland, eine Vormundschaft oder Obervormundschaft über ihre Staatsangehörigen zu führen. Den deutschen Konsuln im Ausland mangelt die staatsrechtliche Ermächtigung zu entsprechendem Vorgehen. — Das Haager Abkommen über die Bevormundung Minderjähriger, 12. 6. 1902, stimmt in seinen Grundgedanken mit dem deutschen Recht völlig überein. Das gleiche gilt für die Bestimmungen über die Bevormundung entmündigter Personen, die das Haager Abkommen vom 17. 7. 1905 enthält. Besondere Abkommen mit Österreich und Polen.

Auf eine Pflegschaft aus Gründen persönlicher Hilfsbedürftigkeit kommen die Grundsätze des internationalen Vormundschaftsrechts entsprechend zur Anwendung (Art. 23 EG, § 47 FreiwGG). Aber Pflegschaft kann aus den verschiedensten Anlässen erforderlich werden, zur Verwaltung von Sammelgeldern oder zur Erleichterung einer Prozeßführung, zur Wahrnehmung der Interessen eines Unbekannten oder zur Verwaltung beschlagnahmten Vermögens. Hier überall besteht Zuständigkeit, die Maßregel vorzukehren, für das Reich, wenn ein Bedürfnis nach Fürsorge hier hervortritt, mit Rücksicht auf den Ort, an dem ein Interesse wahrzunehmen ist, wo ein Vermögensstück liegt, eine Vermögensmasse ihren Mittelpunkt hat, und im gleichen Umfang ist die Zuständigkeit des Auslandes anzuerkennen. Aber auch die rechtlichen Voraussetzungen für sein Handeln kann der Staat solchenfalls (trotz Art. 23!) gegenüber Inländern und Ausländern nur dem eigenen Recht entnehmen.

§ 29. Erbfolge. Die Notwendigkeit einer einheitlichen Abwicklung des Erbgangs, getragen von dem Gedanken der Gesamtrechtsnachfolge, verweist darauf, die gesamte Erbfolge ohne Rücksicht auf die Person der Erben, ohne Rücksicht auf den Ort der Nachlaßgegenstände, einheitlich dem letzten Recht des Erblassers zu unterstellen, und da auch hier eine Familienangelegenheit gegeben ist, deren Regelung die neuere Anschauung dem Heimatstaat zuweist, so führt das zu dem Ergebnis, die Erbfolge nach dem letzten heimatlichen Recht des Erblassers zu beurteilen. Das ist auch der grundsätzliche Standpunkt der Art. 24^{I}, 25^{I} EG; für die Form letztwilliger Verfügungen kommt Art. 11 in Betracht. Nur daß nach der unvollständigen Kollisionsnorm des Art. 24III für die Fähigkeit zu letztwilligen Verfügungen und für deren Form (nicht auch für den Inhalt der Verfügung!) das heimatliche Recht im Zeitpunkt der Verfügung entscheiden soll.

Der Exklusivsatz des Art. 24II verwertet — in unbilliger Ausgestaltung — den Gedanken (vgl. oben § 25), daß den Erbschaftsgläubigern gegenüber der Schwerpunkt der Rechtsbeziehungen am Wohnsitz des Erblassers zu suchen sei; hinsichtlich der Haftung für Nachlaßverbindlichkeiten wird den Erben eines Auslandsdeutschen die Wahl zwischen Heimatrecht und Wohnsitzrecht gegeben. Art. 25 Satz 2 bringt eine Retorsionsbestimmung, auf Grund deren der Deutsche, der einen Ausländer deutschen Wohnsitzes beerbt, das ihm günstigere unter beiden Rechten soll wählen dürfen, ausgenommen, es würde nach dem internationalen Erbrecht des Heimatstaats auf die Beerbung eines Deutschen in jenem Staat „ausschließlich", d. h. ohne nach der Staatsangehörigkeit des Erben zu unterscheiden, deutsches Recht angewendet. Die ohnehin sehr mißliche Bestimmung wird von der Praxis zu einem Umfang ausgeweitet, der von einer Rechtsverweigerung an Ausländer nicht mehr fern ist. — Auch subjektiv ist in § 1936 BGB das Recht auf erblosen Nachlaß dem Heimatstaat des Verstorbenen zugesprochen. Doch stößt sich die Durchführung dieser erbrechtlichen Auffassung im Ausland noch vielfach mit der veralteten Anschauung, die in solchem Zugriff den Ausfluß eines nutzbaren Regals sieht, das alle erblosen Gegenstände im Gebiet ergreift. — Von den zahlreichen Staatsverträgen über internationales Erbrecht, die neben dem Reich insbesondere auch die Bundesstaaten geschlossen hatten, sind die meisten durch den Krieg weggefallen. Abkommen der Nachkriegszeit mit Österreich, Rußland, Estland, der Türkei.

Zu behördlichen Eingriffen in den einzelnen Erbgang nimmt das Reich Zuständigkeit in Anspruch (vgl. § 73 FreiwGG über örtliche Zuständigkeit): schlechtweg, wenn es sich um den Nachlaß eines Deutschen handelt; aber auch gegenüber Ausländern, die in Deutschland gelebt oder auch nur ein Vermögensstück hinterlassen haben. Das gilt zunächst für tatsächliche Maßnahmen wie Nachlaßsicherung, aber auch für rechtliche Eingriffe wie Aufgebot der Nachlaßgläubiger oder Entlassung eines Testamentsvollstreckers, sofern nur das inhaltlich anzuwendende Recht, deutsches oder fremdes Recht, einer solchen Tätigkeit des Nachlaßgerichts rechtliche Wirkungen zuschreibt. Im gleichen Umfang wird die Zuständigkeit ausländischer Behörden anerkannt. Lediglich für die Ausstellung eines Erbscheins bringt § 2369 BGB einen Exklusivsatz, der die rechtsbegründenden Wirkungen des Erbscheins für inländisches Vermögen ohne Rücksicht auf das Erbstatut eintreten läßt. — Zahlreiche Konsularverträge räumen mehr oder weniger ausschließend dem Konsul eines Ausländers, der Vermögen im Inland hinterlassen hat, die Abwicklung des Nachlasses ein.

H. LEWALD in Académie de droit international, Recueil des cours 1925 9,1. Über Beziehungen zum internationalen Verwaltungsrecht NEUMEYER, Internationales Verwaltungsrecht 1, 154ff. (Erwerbsbeschränkungen juristischer Personen); 2, 413 (Anstaltserbrecht).

§ 30. Schenkung. Barschenkung und Schenkungsversprechen müssen notwendig gleichheitlich behandelt werden, und schon darum geht es nicht an, ein Schenkungsversprechen etwa dem für Verkehrsverträge geltenden Recht zu unterwerfen. Aber die Schenkung ist kein Verkehrsgeschäft. Ihre rechtliche Regelung bezweckt wesentlich einen Schutz der Person des Schenkers und seiner Angehörigen, und es wird darum, wie im romanischen Rechtskreis allgemein anerkannt, auch für Schenkungen das heimatliche Recht des Schenkers entscheiden müssen.

Die Zulässigkeit einer Schenkung des Vormunds namens des Mündels, eines Ehegatten an den andern, einer Schenkung an juristische Personen, steht unter dem für dies präjudizielle Rechtsverhältnis maßgebenden Recht; ihr Vollzug, Eigentumsübertragung, Schulderlaß usw., unter dem Recht, das für das hierzu erforderliche Rechtsgeschäft gilt.

Sachenrecht und Immaterialgüterrecht.

§ 31. Sachenrecht. Sachenrechtliche Vorschriften erfassen die Sache ohne Rücksicht auf die Person, die Rechte an der Sache beansprucht, und sie gelten damit notwendig für die Sachen — bewegliches und unbewegliches Gut —, die im Bereich solcher Vorschriften belegen sind. Die Beziehungen der Eigentumsordnung zu den polizeilichen Beschränkungen des Eigentums, zu der Ordnung des öffentlichen Kredits, dem die Sachgüter Unterlage sind, zu der Regelung des Rechts der unerlaubten Handlungen machen diese Lösung vollends unausweichlich. Für Grundstücke ist sie schon mit Rücksicht auf deren vormalige wirtschaftliche und verfassungsrechtliche Bedeutung sehr altes Recht.

Doch gilt die lex rei sitae nur für den sachenrechtlichen Vorgang, nicht beispielsweise für den Kaufvertrag, der bei beweglichem Gut den Eigentumswechsel veranlaßt; nicht für Fälle, in denen die Sache als Teil eines Vermögens in Betracht kommt wie im ehelichen Güterrecht und Erbrecht (doch finden sich in ausländischen Jurisprudenzen, zumal für das Erbrecht, noch häufige Reste einer Sonderbehandlung unbeweglichen Guts). — Entsprechend die ausschließliche Zuständigkeit des Staats der belegenen Sache für gewisse konstitutive Eingriffe: für ein Ausschlußverfahren im Immobiliarsachenrecht und Schiffahrtsrecht (vgl. ZPO §§ 978, 983, 988, 1002); für eine öffentliche Beurkundung sachenrechtlicher Verträge (oben § 19); die Zwangsenteignung des Verwaltungsrechts, Einziehung des Strafrechts, Zwangsvollstreckung kann nur Sachen im Inland ergreifen. — Über Beziehungen zum internationalen Verwaltungsrecht NEUMEYER, Internationales Verwaltungsrecht 2, 1 ff. (Wasserrecht), 58 ff. (Bergrecht), 67 ff. (Land- und Forstwirtschaft), 86 ff. (Jagd- und Fischerei); auch 1, 90 ff. (Feuer- und Baupolizei).

Grundstücke behalten ihren Ort, bewegliches Gut kann ihn wechseln. Darum kommt es hier auf den Ort an, an dem sich eine Sache im Zeitpunkt des behaupteten Erwerbs oder Verlusts eines Rechts befunden hat. Es können auch an mehreren Orten nacheinander sachenrechtliche Einwirkungen auf den Gegenstand vorgenommen werden: sind sie miteinander verträglich, so gilt für jedes dieser Rechte seine Rechtsordnung; sind sie miteinander nicht verträglich, so müssen auf Grund der späteren Rechtslage, die nach ihrer lex rei sitae rechtmäßig begründet ist, ältere Rechte, die mit dieser Rechtslage unvereinbar sind, untergehen.

Die vorstehend entwickelten Sätze gelten zunächst für das Eigentum. Für die Zulassung zum Erwerb, die Verkehrsfähigkeit der Sache, für die Erwerbsarten des Eigentums. Auch die Ersitzung ist ausschließlich nach den Gesetzen des Landes zu beurteilen, in dem sich die Sache bei Abschluß des behaupteten Erwerbs befunden hat (vor diesem Zeitpunkt ist nicht halbes oder dreiviertel Eigentum erworben, sondern überhaupt kein Recht entstanden). Übereinstimmend regelt sich die Durchführung des Eigentumsanspruchs: wird eine Sache in Deutschland gestohlen, so kann, da es insoweit auf den Inhalt des Eigentums im Zeitpunkt der Störung ankommt, das Eigentum nach Maßgabe des deutschen Rechts geltend gemacht werden, auch wenn die Sache nach Östereich verbracht wird; wird aber die Sache dort von einem Dritten bei einem Gewerbsmann redlich erworben, so erlangt der Erwerber nach österreichischem Recht freies Eigentum, und die damit unvereinbaren Rechte des früheren Eigentümers erlöschen. — Entsprechendes gilt für dingliche Rechte an fremden Sachen, insbesondere für das Pfandrecht.

Werden also mehrere Pfandrechte an einer Sache in verschiedenen Gebieten begründet, so steht mangels positiver Abweichung (Internationales Eisenbahnfrachtabkommen, Art. 22) zunächst jedes dieser Rechte unter seiner Gesetzgebung, ausgenommen ein früher entstandenes Recht wäre mit einem später entstandenen z. B. hinsichtlich der Reihenfolge nicht mehr vereinbar. — Ein gesetzliches Pfandrecht kann nur entstehen, wenn die Rechtsordnung, die den Anlaß für Begründung des Pfandrechts schafft, und das Recht der belegenen Sache gleichzeitig die Entstehung des Pfandrechts ermöglichen; weder hat der Mündel, der unter deutscher Hoheit bevormundet wird, ein gesetzliches Pfandrecht an den französischen Grundstücken des Vormunds, wiewohl der Code civil ein solches Recht zuspricht, noch umgekehrt. — Das Recht der belegenen Sache gilt selbstverständlich nicht für die pfandrechtlich gesicherte Forderung (doch mag der Pfandschutz auf die Bestimmung der schuldrechtlich maßgebenden Ordnung selbst Einfluß nehmen). — Bei einem Pfandrecht an Rechten, z. B. an einer Forderung, handelt es sich um eine Mitberechtigung, die dem Pfandgläubiger an der Forderung eingeräumt wird, und damit um einen Tatbestand, der dem für die Forderung geltenden Recht unterliegt.

§ 32. Immaterialgüterrecht. Unkörperliche Güter nehmen zunächst teil an dem Deliktsschutz des bürgerlichen Rechts (unten § 35), wirtschaftliche Interessen im besonderen an dem Schutz gegen unlauteren Wettbewerb. Ob eine Handlung unlauteren Wettbewerb darstellt, bemißt sich demgemäß für Handlungen in Deutschland, auch wenn sie gegen auswärtige Unternehmungen gerichtet sind, nach deutschem Recht, für Handlungen im Ausland nach den Gesetzen des fremden Tatorts. — Aber es kann ein solches Interesse zu einem eigenen subjektiven Recht verdichtet sein, ein Recht gegen jedermann, wie das Recht an einer Sache, aber ohne das körperliche Objekt, das ihm den Platz im Raum anwiese. Das Immaterialgüterrecht verkörpert sich nur in schützenden Rechtssätzen und muß damit notwendig in dem Staat lokalisiert sein, der solche Sätze aufstellt. Dabei aber findet man zwei Typen des Schutzes. Das Vorbild des einen ist der Patentschutz: der Staat gewährt dem Inhaber ein Verbietungsrecht gegen Nachbildung, in Voraussetzungen und Wirkungen lediglich dem Recht des schützenden Staats unterworfen, unabhängig davon, ob und wie ein entsprechender Schutz von anderen Staaten gewährt wird. Ebenso der Schutz der Gebrauchsmuster. — Die anderen Immaterialgüterrechte hingegen haben nach geltendem deutschen Recht ein „Ursprungsland". Die Gesetzgebung, die den Bestand eines solchen Rechts regelt (ob und für wen es entstehen, auf wen es übergehen kann), und diejenige, die den Umfang seines Schutzes gegen Dritte bestimmt, fallen auseinander. Nach der ersten Richtung entscheidet das Recht des Ursprungslands; ein nach der Gesetzgebung des Ursprungslands begründetes Recht aber kann (kumulativ) Schutz gegen Dritte nur finden, wenn auch nach den Gesetzen des Tatorts dem Dritten ein Eingriff dieser Art in geschützte Rechte verwehrt ist. Demgemäß hat bei den Berechtigungen dieser zweiten Gruppe das Hauptrecht seinen Sitz im Ursprungsland; abhängige Nebenrechte — immerhin eigene Rechte, weil sie unter einer besonderen Gesetzgebung stehen, zuweilen von der örtlichen Staatsgewalt noch durch einen eigenen rechtsschutzbegründenden Akt verliehen sind — schließen sich in denjenigen Staaten an, die dem Hauptrecht für ihren Bereich gleichfalls Schutz gewähren. Daß es sich hierbei aber um, wenn auch abhängige, Rechte außerhalb des Ursprungslands handelt, wird von Belang für Zwangsvollstreckung, administrative Enteignungen und dergleichen.

In diese zweite Gruppe gehört der privatrechtliche Schutz des Personennamens. Die Führung eines bestimmten Personennamens bedeutet zunächst eine verwaltungsrechtliche Verpflichtung. Sie empfängt ihren Inhalt aus staatlicher Verleihung (Namensänderung) an Angehörige des Staats; im übrigen durch Familienfolge, und es entscheidet insoweit über den Namen die Rechtsordnung, die das für die Namenführung präjudizielle Rechtsverhältnis regelt, das für die Ehe, die Scheidung, die Abstammung usw. geltende Recht (keineswegs das Personalstatut des Namensträgers). Ein derart bestimmter Personenname aber ist dem Berechtigten zu privatrechtlichem Schutz überlassen: zu etwaiger Verfügung auf Grund seines Personalstatuts; im übrigen bemißt sich der Umfang, in dem Dritten die Führung des Namens zu persönlichen oder gewerblichen Zwecken freigelassen werden muß, nach dem Recht des Landes, in dem der Dritte den Namen gebrauchen will.

Der adelige Name wird nach den besonderen Grundsätzen der Adelsfolge übertragen, die, seitdem in Deutschland der Adel die Eigenschaft als Rechtseinrichtung verloren hat, als Sozialnormen weitergelten. Dazu NEUMEYER, Internationales Verwaltungsrecht 1, 285ff. (hier 329ff.).

Auch bei dem Firmenrecht handelt es sich zunächst um eine verwaltungsrechtliche Angelegenheit. Beschränkungen in der Wahl der Firma werden durch die handelspolizeilichen Vorschriften am Ort der Niederlassung bestimmt; bei Zweigniederlassungen durch das hier geltende Recht, unbeschadet einer Verweisung auf das Recht der Hauptniederlassung vermöge des Grundsatzes der Firmeneinheit. Die Firma in ihrer derart bestimmten Form aber bildet wiederum ein privatrechtliches Besitztum für ihren Inhaber, dessen Verfügung ihm nach dem Recht am Ort der Niederlassung (Haupt- und Zweigniederlassung) zusteht, dessen Verteidigung gegen Eingriffe Dritter sich nach dem Recht am Ort solcher Eingriffe bemißt.

Über die verwaltungsrechtliche Seite NEUMEYER, Internationales Verwaltungsrecht 2, 178f., 192 ff.

Das Warenzeichen, zur Individualisierung eines Erzeugnisses bestimmt, hat sein Ursprungsland in dem Staat des Unternehmens, dessen Erzeugnisse derart bezeichnet werden. Das Recht dieses Staats entscheidet über Entstehung und Übertragbarkeit des Rechts am Zeichen, und das gilt an sich auch, wo es sich um einen Schutz des Zeichens in anderen Staaten handelt. Nur wird solcher Schutz außerhalb des Ursprungslandes häufig noch an besondere Voraussetzungen geknüpft, die der um Schutz angegangene Staat aufstellt, insbesondere an eine vorgängige Eintragung in diesem Staat, und § 23 III des deutschen Gesetzes geht so weit, den akzessorischen Inlandsschutz von der doppelten Forderung abhängig zu machen, daß das fremde Zeichen in seinem Ursprungsland anerkannt sein, zugleich aber auch den Anforderungen des deutschen Gesetzes entsprechen muß. Kann hiernach aber in einem Staat überhaupt Schutz gewährt werden, so bestimmt sich wiederum der Umfang des Schutzes — etwa gegenüber der Behauptung, ein Zeichen sei Freizeichen; der als Zeichen geschützte Name sei auch der Familienname eines andern — nach dem Recht des Landes, in dem der andere Zeichen oder Namen führen will. Gleichlaufend der Schutz der besonderen Ausstattung von Waren. — Schriftwerke und Kunstwerke sind, solange sie nicht erschienen sind, in der Person ihres Erzeugers verkörpert, und dessen Heimatstaat gilt als Ursprungsland des Erzeugnisses; erschienene Werke aber haben ihren räumlichen Schwerpunkt an dem Ort, an dem sie zuerst erscheinen (nur daß Werke eines Deutschen, auch wenn sie im Ausland erscheinen — ein Exklusivsatz — für uns als deutsche Werke zu behandeln sind). Wiederum entscheidet das Ursprungsland auch hier über Entstehung und Übertragung des Urheberrechts, z. B. über das Urheberrecht der Angestellten. Und ebenso bestimmt, ob in das begründete Recht von dritter Seite eingegriffen werden kann, durch Aufnahme einer Ausarbeitung in eine Zeitung, durch mechanische Nachbildung eines Musikwerks, wieder das Recht des Landes, in dem der Dritte sich der fremden Schöpfung bedienen will. Dabei betreffen Vorschriften über die Schutzfähigkeit eines Gegenstands (kunstgewerbliches Erzeugnis, Werk der Baukunst) oder über die Dauer der Schutzfrist sowohl den Bestand, wie den Umfang des Schutzrechts gegen Dritte, und es ist ein Schutz außerhalb des Ursprungslandes solchenfalls von beiderlei Vorschriften abhängig. — Dagegen ist der Geschmacksmusterschutz auf Grund des veralteten Gesetzes von 1876 anomal umgrenzt. Zwar entscheiden auch hier über die Entstehung des Schutzrechts die Gesetze des Staats, in dem ein Erzeugnis nach dem Muster hergestellt wurde, als die Gesetze seines Ursprungslandes. Das Maß des Schutzes aber wird nur gegenüber ausländischen Erzeugnissen nach dem Recht des Staats bemessen, in dem ein Eingriff von fremder Seite stattfindet; deutsche Erzeugnisse hingegen sollen auch bei einer Nachbildung außer Landes im Umfang des deutschen Rechts geschützt bleiben.

Die Rechtsübung zeigt allen diesen Fragen gegenüber starke Unsicherheit, neigt insbesondere dazu, auf eine Beeinträchtigung fremder Interessen in Deutschland deutsches Recht, auf Handlungen zum Schaden deutscher Interessen im Ausland aber gleichfalls deutsches Recht anzuwenden; bei Handlungen des unlautern Wettbewerbs überdies unter Verkennung, daß der Wettbewerbshandlung kein subjektives Recht gegenübersteht. RGE 118, 76 läßt Klärung erwarten. — Bezeichnend für die Mehrzahl der Immaterialgüterrechte sind fremdenrechtliche Beschränkungen innerhalb der maßgebenden Rechtsordnung: eine Rechtlosstellung von Ausländern und ausländischen Niederlassungen, sofern nicht Gegenseitigkeit die Entrechtung wieder aufhebt; zuweilen auch ein Herstellungszwang, so daß der Schutz der an sich maßgebenden Rechtsordnung (mangels besonderer Anordnung des Gegenteils) sich auf Erzeugnisse beschränkt, die im Inland hergestellt sind.

Zum Teil indessen greifen in den vorgeschilderten Rechtszustand zwei wichtige Gesamtstaatsverträge ein, das Pariser Abkommen zum Schutz des gewerblichen Eigentums vom 20. 3. 1883 / 6. 11. 1925 und das Berner Abkommen zum Schutz des geistigen Eigentums vom 9. 9. 1886 / 13. 11. 1908 (die neue Fassung von 1928 ist noch nicht ratifiziert). Danach ist der Warenzeichenschutz dritter Staaten in seiner Abhängigkeit vom Ursprungsland verstärkt durch das Gebot, dem Zeichen (im Umfang des Ortsrechts) Schutz zu gewähren, wenn es auch nur den Anforderungen des Ursprungslandes genügt. Umgekehrt aber ist seit der Fassung des Berner Abkommens von 1908 — und es wird hier eine Tendenz wirksam, die noch weitergreift — der Schutz der geistigen und künstlerischen Schöpfungen rechtlich aufgelöst worden in eine Vielheit selbständiger Schutzrechte, die jeder der Vertragsstaaten, in Voraussetzungen und Wirkungen unabhängig von dem Recht des Ursprungslandes, für sich gewährt (ein Rest der früheren Auffassung hat sich nur für die Schutzfristen erhalten). Des weiteren aber ermöglichen die Verträge eine Gleichstellung von Hoheitsakten der Vertragsstaaten: wo ein Schutzrecht besonderer Verleihung bedarf, da schafft die Anmeldung im einen der Vertragsstaaten ein „Prioritätsrecht", das auch in den anderen Vertragsstaaten die Rechtslage sichert, die eine erste Anmeldung in diesem Staat begründet hätte. Überdies kann nach dem ergänzenden Madrider Abkommen (1891/1925) für Warenzeichen die Eintragung bei einer Zentralstelle in Bern eine sonst erforderliche Eintragung in allen übrigen Vertragsstaaten außerhalb des Ursprungslands ersetzen. Und noch weitergehend hat ein Sonderabkommen von 1925 eine solche einheitliche Eintragung auch für Geschmacksmuster eingeführt; hier wiederum unter Auflösung in eine Vielheit selbständiger, räumlich wirksamer Schutzrechte, so daß es für sie kein „Ursprungsland" im Rechtssinn mehr gibt, in dem eine Eintragung neben derjenigen bei der Berner Zentralstelle erfolgen müßte.

In ihrem sonstigen Inhalt bringen das Pariser und das Berner Abkommen fremdenrechtliche Gleichstellungen für Ausländer und ausländische Niederlassungen; international gleiches Recht; die Errichtung internationaler Ämter zum Schutz des gewerblichen und des geistigen Eigentums. — Einzelstaatsverträge, in ihrer Bedeutung seit dem Kriege für Deutschland stark vermindert, enthalten neben fremdenrechtlichen Gleichstellungen der vorgenannten Art auch eine solche hinsichtlich des Herstellungszwangs. Für den Schutz des geistigen Eigentums gegenüber einigen südamerikanischen Staaten ist Deutschland neuerdings dem Vertrag von Montevideo (1889) beigetreten, der in seinem IPR dem ursprünglichen Berner Abkommen folgt. Vertrag über gewerblichen Rechtsschutz mit Rußland 1925.

Schuldverhältnisse.

§ 33. Verträge. Verträge haben ihr Schwergewicht auf seiten des Schuldners, den sie zu einer Leistung verpflichten. Die Verkehrsbeziehungen des Schuldners aber haben ihren Mittelpunkt an dessen Wohnsitz; für ihn selbst und für sein Vermögen, das für die Erfüllung seiner Verbindlichkeit haftet. Und so bestimmt im Zweifel der Wohnsitz des Schuldners, bei Verpflichtungen aus Gewerbebetrieb der Ort der gewerblichen Niederlassung, wenn es sich um Geschäfte einer Zweigniederlassung handelt, deren Ort die Gesetzgebung, nach der die Verbindlichkeit zu bemessen ist. (Es wird im folgenden unter Wohnsitzrecht das Recht am Ort der gewerblichen Niederlassung jeweils mitverstanden.) Bei zweiseitigen Verträgen bestimmen sich demgemäß die Verpflichtungen einer jeden Partei je nach ihrem Recht. Verlegt der Schuldner den Wohnsitz, so tritt das Schuldverhältnis zwar in seinem Weiterbestand unter die nunmehr geltende Rechtsordnung, aber es wird ganz regelmäßig im Willen dieser Rechtsordnung liegen, die Verpflichtung unverändert den im Zeitpunkt ihrer Begründung geltenden Gesetzen zu unterstellen.

Die Grundlagen des internationalen Vertragsrechts sind äußerst umstritten. Die romanischen Jurisprudenzen, zum Teil aber auch die neuere deutsche Praxis bevorzugen als Ausgangspunkt den Willen der Parteien: es soll das Recht gelten, dem sich die Parteien unterworfen haben oder unterworfen hätten, wenn sie an die rechtliche Seite des Geschäfts gedacht hätten. Über die Unmöglichkeit eines solchen Ausgangspunktes schon oben § 6. — In einem Teil der Auslandsstaaten wird auf den Ort des Vertragsschlusses abgestellt. Es kann, wie gleich zu zeigen, Fälle geben, in denen dieser Ort für die Art des Vertrags in der Tat wesentlich ist. Im übrigen aber ist dieser Ort zufällig, und seine Verwendung als Anknüpfung führt zu Willkür. — Ungleich wichtiger ist die Anknüpfung an den Erfüllungsort, die in der Rechtsübung des Reichsgerichts an erster Stelle steht. Erfüllung ist in der Tat das Ziel des Vertragsschlusses; aber ihr Ort kann dennoch unwesentlich sein, und insbesondere, der Erfüllungsort, der hier gemeint ist, ist gar nicht der Ort, an dem die Leistung tatsächlich bewirkt werden soll, sondern der Ort — an dem das Schuldverhältnis seinen Schwerpunkt hat. Die Anknüpfung bringt also keine Antwort, sondern eine neue Frage. (Dazu F. LEONHARD, Erfüllungsort und Schuldort, 1907.) Im Ergebnis aber führt diese Lösung gemäß § 269 BGB zu derselben Umgrenzung, wie eine Abstellung auf den Wohnsitz mit ihren gleich zu erwähnenden Modifikationen; und es bleibt nur die bezeichnende Verschiedenheit, daß der Erfüllungsort auch durch Parteiabrede bestimmt werden kann. — Völlig wider die Natur der Verkehrsverträge wäre eine Herbeiziehung des heimatlichen Rechts. Es handelt sich bei solchen Verträgen um die wirtschaftlichen Beziehungen des Schuldners nach außen, die einen räumlichen Mittelpunkt verlangen, und es besteht auch kein Bedürfnis, die sämtlichen Verträge, die eine Person schließt, einheitlich demselben Recht zu unterwerfen.

Diese Abstellung auf den Wohnsitz des Verpflichteten hat indessen nur ergänzende Bedeutung; die Natur des einzelnen Schuldverhältnisses kann zu einer abweichenden Lokalisierung führen. So kann unter Umständen der Ort des Vertragsschlusses bezeichnend für die Eigenart des Rechtsverhältnisses sein: Verträge, die auf Messen, Märkten geschlossen werden oder durch öffentliche Versteigerung zustande kommen, richten sich nach dem Recht des Vertragsorts. Häufig sind die Verpflichtungen der beiden Vertragsparteien auf der einen Seite für beide Teile lokalisiert: wo gleichförmige Massenverträge in Betracht kommen, die dem gleichen Recht unterstehen müssen, die Verträge der Eisenbahn und Post, Lagerhäuser und Hotels und dergleichen; manchmal auch darum, weil in den Vorgang öffentliches Recht eingreift (die Tätigkeit der Ärzte, Rechtsanwälte, Dienstmänner). Verträge über Grundbesitz, Pachtverträge beispielsweise, mögen auch am Ort des Grundstücks lokalisiert sein. — Daneben aber kommt noch die Möglichkeit in Betracht, den Vertrag einer an sich nicht zuständigen Rechtsordnung durch Vereinbarung zu unterwerfen — aber nur, insoweit die an sich zuständige Rechtsordnung nachgiebiges Recht aufstellt, und nur mit der Wirkung, daß die vereinbarten Bestimmungen alsdann als Vertragsinhalt, nicht als Rechtsordnung Anwendung finden; steht ein Vertrag unter österreichischem Recht und die Parteien haben dessen nachgiebige Vorschriften durch Verweisung auf deutsches Recht ersetzt, so kann auf die Behauptung, deutsches Recht sei falsch angewendet worden, bei einem Rechtsstreit über den Vertrag keine Revision gestützt werden. — Die Schwierigkeiten, die das internationale Vertragsrecht bietet, beschränken sich zumeist auf die Notwendigkeit, einer abweichenden Lokalisierung Rechnung zu tragen, und auf die Auseinanderhaltung der vertragsrechtlichen Vorschriften von solchen, die anderen Rechtsgebieten angehören.

§ 34. Anwendungen. Das hienach maßgebende Recht entscheidet deshalb über den zulässigen Inhalt der Verträge (Vertrag zugunsten Dritter, Wette; nur mag das zuständige Recht selbst seine örtliche Geltung fremdenrechtlich einschränken: das Verbot einer Entlohnung in Naturalien bindet nicht, wenn unter deutschem Recht Arbeit außerhalb des Reichsgebiets zu leisten ist). Rücksicht auf Interessen, die außerhalb des Vertragsrechts liegen, kann indessen zu Verschiebungen führen. Das gilt insbesondere für die Nichtigkeit und Zwangsänderung von Verträgen, die gegen irgendwelche sonstigen rechtlichen Maßnahmen verstoßen. Sie wirkt (oben § 10) zum Schutze inländischer Maßnahmen schlechthin, zugunsten staatlicher Einrichtungen des Auslands überhaupt nicht (z. B. Währungsschutzbestimmungen). Doch mag letzterenfalls Nichtigkeit nach Inlandsrecht platzgreifen, wenn der Vertragsinhalt die guten Sitten verletzt (Lieferung gesundheitsschädlicher Ware). Und es kann ferner die Zulässigkeit des Vertrags von Vorfragen abhängen, die ihrem Recht unterstehen: ob der Vormund Grundstücke des Mündels verkaufen kann, entscheidet Vormundschaftsrecht. — Das Recht des Schuldverhältnisses gilt alsdann für Verzug und Kündigung (wobei jedoch sorgfältig zu unterscheiden, wessen Verpflichtung durch den Verzug, durch die Kündigung beeinflußt sein soll), gilt für vertragliches Verschulden. Insbesondere entscheidet diese Rechtsordnung auch über die Erfüllung (nicht Recht des Erfüllungsorts; im Gegensatz zu Vorschriften, die nur bei Gelegenheit der Erfüllung wirksam werden wie § 244 BGB's. oben § 18; ein zur Erfüllung erforderliches Rechtsgeschäft, z. B. Eigentumsübertragung auf Grund des Kaufvertrags, steht natürlich unter seinem eigenen Recht). — Moratorien pflegen ohne Rücksicht auf das für die gestundete Forderung geltende Recht erlassen zu werden, im Zweifel zugunsten der Schuldner inländischen Wohnsitzes oder inländischer Niederlassung. Sie sind zunächst auch für andere Staaten verbindlich (oben § 10), doch entfällt eine solche Anerkennung, wenn die Maßregel, z. B. ein Zahlungsverbot im Krieg, politische Zwecke verfolgt, oder wenn sie (Art. 30) eine unbillige Schädigung fremder Volkswirtschaft in sich schließen sollte. — Auch die Frage, ob jemand durch Aufrechnung erfüllen kann (etwa seine Verpflichtung zur Rückgabe hinterlegten Geldes; in der Schweiz verboten), fällt unter das Recht, dem die zu erfüllende Verpflichtung sonst unterworfen ist, während der rechtliche Bestand der Forderung, mit der aufgerechnet werden soll, natürlich deren eigenen Gesetzen untersteht. Das Recht des Verpflichteten gilt für die Hinterlegung als eine Form der Erfüllung (unbeschadet des Rechts, das für den zu diesem Behuf geschlossenen Hinterlegungsvertrag maßgebend ist). Es gilt für den Untergang der Verpflichtung durch Erlaß (wobei, wenn der Erlaß schenkungshalber erfolgt, dem Personalstatut des Schenkers genügt sein muß); für die Aufhebung des Vertrags durch Unmöglichkeit, Tod, durch Rücktritt oder Anfechtung (die Rückgewähr nach vollzogener Anfechtung steht unter den Gesetzen, die für grundlose Bereicherung gelten).

Auch bei den Gesamtverbindlichkeiten bestimmt für jeden Schuldner sein Recht, was er dem Gläubiger zu leisten hat, wieweit seine Verpflichtung von derjenigen der Mitschuldner abhängt, wieweit er andern Mitschuldnern zum Ausgleich verpflichtet ist. — Bei der Abtretung einer Forderung durch Vertrag muß unterschieden werden. Überall da, wo von der Abtretung die Verpflichtung des Schuldners berührt wird, entscheidet allein das für seine Verpflichtung geltende Recht: ob Abtretung dieser Forderung möglich, von wann an sie wirkt, welche Rechte sie dem neuen Gläubiger gibt. Die rechtlichen Beziehungen zwischen Altgläubiger und Neugläubiger dagegen folgen ihren eigenen Gesetzen; wurde die Forderung verkauft, so treffen die Verkäuferpflichten den Altgläubiger, die Käuferpflichten den Neugläubiger, jeden nach seinem Recht. Entsprechend bei einer Abtretung durch Gesetz. Das Innenverhältnis zwischen Altgläubiger und Neugläubiger, das den Anlaß zur gesetzlichen Abtretung bietet, steht auch hier unter seiner eigenen Rechtsordnung, z. B. die Bürgschaft, auf Grund deren die Forderung des bisherigen Gläubigers auf den zahlenden Bürgen übergeht. Aber dem Schuldner gegenüber wird auch eine gesetzliche Abtretung grundsätzlich nur nach Maßgabe der Rechtsordnung wirksam, die für die Verpflichtung des Schuldners gilt. (Abweichungen mit Rücksicht auf den Zweck des Gesetzes kommen vor: hat eine deutsche Krankenkasse einer Schweizerin Wochenhilfe gewährt, so gehen die Ansprüche der Wöchnerin gegen den Kindsvater auf die Krankenkasse über ohne Rücksicht auf das schweizerische Recht. Wegen der Berücksichtigung solcher Sonderzwecke in anderen Staaten oben § 10.) — Ziemlich gleichlaufend gestaltet sich die Rechtslage bei einer Schuldübernahme. Das Innenverhältnis zwischen Altschuldner und Neuschuldner steht wiederum unter seinen eigenen Gesetzen; das gilt zunächst für den Vorgang, der zu der Schuldübernahme führt (Schenkung, Erwerb eines Handelsgeschäfts); aber auch für diejenigen Beziehungen, die aus der Schuldübernahme als solcher folgen, ohne den Gläubiger zu berühren (z. B. für die Verpflichtung aus § 415 III BGB). Dagegen bleibt dem Gläubiger gegenüber, sofern nicht eine Novation dazwischen liegt, die Forderung trotz des Schuldnerwechsels die gleiche, und es regeln sich damit auch die Verpflichtungen des Neuschuldners nach den Gesetzen, die für die Verpflichtungen des Altschuldners gegolten haben.

Einzelne Verträge. Bei einem Kaufvertrag hat mangels besonderer Abrede der Verkäufer nach seinem Wohnsitzrecht zu liefern, der Käufer gemäß dem Recht am Wohnsitz des Käufers zu bezahlen. Ob beispielsweise bei einer mangelhaften Lieferung der Verkäufer verpflichtet ist, fehlerfreie Ware nachzuliefern, steht unter dem Recht des Verkäufers, ob der Käufer verpflichtet ist die Nachlieferung anzunehmen, d. h. zu bezahlen, unter dem Recht des Käufers; wenn aus einem Annahmeverzug des Käufers dessen Verpflichtung hergeleitet wird, Schadenersatz zu leisten, gilt Recht des Käufers, wenn auf den gleichen Tatbestand eine Minderung in der Leistungspflicht des Verkäufers gegründet wird, das Recht des Verkäufers. Börsengeschäfte sind wie andere Verkäufe auf öffentlichem Markt lokalisiert am Ort der Börse. Börsentermingeschäfte jedoch unterwirft der bedenkliche § 61 des Börsengesetzes dem deutschen Recht (Exklusivsatz), sofern der verpflichtete Teil in Deutschland Wohnsitz oder Niederlassung hat. F. Brändl, Internationales Börsenprivatrecht 1925. — Darlehen, die mit hypothekarischer Sicherheit gewährt werden, sind meist auch schuldrechtlich lokalisiert am Ort des belasteten Grundstücks. Darlehen, für die Schuldverschreibungen auf Inhaber ausgestellt sind, stehen als gleichförmige Massenverträge regelmäßig für beide Parteien unter dem Recht am Sitz des Schuldners. Das trifft im Zweifel auch dann zu, wenn die Errichtung von Zahlstellen im Ausland vereinbart wird. Ist Goldzahlung vereinbart und es wird deren Leistung aus währungsrechtlichen Gründen beschränkt, so sind Bestimmungen dieser Art, wenn sie dem Schutz der Inlandswährung dienen, schlechthin anzuwenden, wenn dem Schutz einer fremden Währung, überhaupt nicht. Über Aufwertung oben § 18. — Dienstverträge sind in der Regel lokalisiert an dem Ort, an dem der Dienst geleistet wird, bei Beschäftigung an wechselnden Orten da, wo die Arbeit den Mittelpunkt hat. Anders etwa bei Entsendung in das Ausland im Dienst eines inländischen Unternehmens. Über die hier besonders engen Beziehungen zum Verwaltungsrecht NEUMEYER, Internationales Verwaltungsrecht 2, 144ff., 149ff. (selbständige gewerbliche Dienstleistungen), 227ff. (Arzt), 252ff. (Rechtsanwalt), 278ff. (andere freie Berufe), 284ff. (Lohnarbeit). — Beim Frachtvertrag müssen gleichförmige Massenverträge, wie sie beispielsweise Post und Eisenbahn abschließen, für die Verpflichtungen beider Teile am Sitz des Frachtführers lokalisiert sein. Bedarf es zur Ausführung der Beförderung einer Mehrheit von Frachtführern, so gilt für die Tätigkeit eines jeden von ihnen sein Recht, auch wenn dem Absender gegenüber der erste Frachtführer seine Nachmänner vertritt; hat dagegen der Absender nur mit einem Frachtführer abgeschlossen und er überläßt diesem, durch Unterverträge mit andern Frachtführern den Vertrag auszuführen, so kommt für den Absender nur das Recht seiner Gegenpartei in Betracht. Im Verhältnis zum Empfänger hingegen bleibt stets das Recht des letzten Frachtführers maßgebend; es schiebt sich als ein präjudizielles Rechtsverhältnis in die Beziehungen zwischen dem Absender und dessen Gegenpartei. (Das Berner Eisenbahnfrachtabkommen von 1890/1924 bringt neben einer Zwangsgemeinschaft der Unternehmer in erster Reihe international gleiches Eisenbahnfrachtrecht für die beteiligten Staaten. Ähnlich die Weltpostverträge.) Zum IPR der Eisenbahnen NEUMEYER, Internationales Verwaltungsrecht 3 I 56ff., der Post 3 II 1ff., vgl. auch für Kraftwagen 3 I 10ff. Für den Telegraphenverkehr ebenda 3 II 64ff. — Die Verpflichtungen des Bürgen stehen unter Wohnsitzrecht des Bürgen; ihr Inhalt aber bemißt sich nach der Verbindlichkeit des Hauptschuldners, insoweit also mittelbar auch nach dessen Recht. Die Pflichten des Gläubigers, insbesondere seine Pflicht, nach Empfang der Zahlung seinen Anspruch gegen den Schuldner an den Bürgen abzutreten oder eine gesetzliche Abtretung zu dulden, richtet sich nach dem Recht des Gläubigers (während die Wirkung der Abtretung gegen den Schuldner selbstverständlich unter der Rechtsordnung steht, die dessen Verpflichtung beherrscht). Zwischen Hauptschuldner und Bürgen kann es sich um einen Auftrag zur Bürgschaftsleistung handeln, um eine Geschäftsführung ohne Auftrag u. dgl., die jeweils ihrer eigenen Rechtsordnung unterworfen sind. — Rechtsbeziehungen, die aus der Gesellschaft folgen, haben ihren Mittelpunkt am Sitz der Gesellschaft, und schon die unmerklichen Abstufungen, die von der societas zur juristischen Person führen (in Frankreich behandelt man die Gesellschaft des bürgerlichen Rechts selbst als juristische Person), nötigen, das Recht am Sitz der Gesellschaft zugrunde zu legen. — Bei der Versicherung, wo es sich zumeist um gleichförmige Massenverträge handelt, hätte der Sitz des Versicherungsunternehmens wiederum für beide Teile den Ausschlag zu geben. Doch greift positives deutsches Recht hier nach zwei Richtungen ein. In § 36 des Versicherungsvertragsgesetzes wird die Verpflichtung des Versicherten verselbständigt und damit seiner eigenen (deutschen oder fremden) Rechtsordnung unterworfen. § 86 des Versicherungsaufsichtsgesetzes aber nötigt für die Mehrzahl der Versicherungszweige ausländische Unternehmungen, die eine in Deutschland belegene Gefahr versichern, hier eine Niederlassung zu errichten, die solche Verträge abzuschließen hat, so daß auch die Verpflichtungen des Unternehmers insoweit unter deutsches Recht treten. (Über die verwaltungsrechtliche Seite NEUMEYER, Internationales Verwaltungsrecht 2, 319ff.)

§ 35. Wertpapiere. Bei Schuldverschreibungen auf Inhaber stehen Begründung und Untergang der Forderung regelmäßig unter Wohnsitzrecht des Verpflichteten, insbesondere auch die Frage, ob die Verpflichtung auf Inhaber gestellt oder in eine solche gegen einen bestimmten Gläubiger nachträglich verwandelt werden kann. Aber die Übertragung des Gläubigerrechts ist hier an das Eigentum an der Schuldurkunde geknüpft, so daß insoweit über die Person des Berechtigten die lex rei sitae entscheidet. Entsprechendes gilt für eine Vereinsmitgliedschaft auf Inhaber (Inhaberaktie).

§ 795 I BGB weist die Genehmigung der Ausgabe von Inhaberpapieren abweichend dem Ausstellungsort zu. — Verlorengegangene Stücke können nach deutschem Recht für kraftlos erklärt werden, d. h. die Inhaberschuld wird in eine persönliche Verbindlichkeit gegen den betreibenden Gläubiger umgewandelt. Die staatliche Zuständigkeit zu solchem Eingriff nimmt das Reich entsprechend § 1005 ZPO zunächst für Verpflichtungen mit deutschem Erfüllungsort in Anspruch, erst wo ein solcher nicht eigens bezeichnet, für Verpflichtungen, deren Schuldner im Reich den Sitz hat; doch muß inhaltlich die Möglichkeit zu solcher Ablösung von der Urkunde stets nach dem Recht am Sitz des Verpflichteten gegeben sein. — Auslandsstaaten wie Frankreich sichern den Verlustträger nicht schuldrechtlich durch Umwandlung der Inhaberschuld in eine persönliche Verpflichtung, sondern sachenrechtlich durch eine Umlaufsperre für das Papier. Aus dieser Verschiedenheit der Systeme folgt eine empfindliche Schutzlosigkeit, wenn etwa ein französisches Inhaberpapier in Deutschland abhanden kommt. — Über Beziehungen zum Verwaltungsrecht NEUMEYER, Internationales Verwaltungsrecht 2, 181 ff., im besonderen 185 ff.

Bei einem gezogenen Wechsel bestimmt der Aussteller den Wechselinhalt; sein Recht entscheidet über das Zustandekommen eines gültigen Wechsels, sein Recht stellt die den Inhalt ergänzenden Rechtssätze zu Gebote. Im übrigen aber ist für jede Wechselverpflichtung unabhängig von jeder andern ihr eigenes Recht maßgebend, und es sind dabei anscheinende Verpflichtungen des Wechselinhabers (Protest zu erheben, zu benachrichtigen) als Voraussetzungen seines Gläubigerrechts, d. h. nach der für die gegenüberstehende Verpflichtung geltenden Gesetzgebung zu werten. Als Anknüpfung für die einzelne Wechselverpflichtung dient der Ausstellungsort hinsichtlich der Form der Wechselerklärung (wobei das Gesetz den Formbegriff eigentümlich ausweitet), im übrigen aber gilt für Voraussetzungen und Wirkungen der Verpflichtung wiederum Wohnsitzrecht. Bei Einzelpunkten hat das positive Recht Abweichungen vorgesehen.

Art. 84 WO faßt unter „Wechselfähigkeit" Geschäftsfähigkeit und besondere Rechtsfähigkeit hinsichtlich des Wechsels zusammen, behandelt erstere ebenso wie seither Art. 7 EG BGB und stellt ihr sehr anomalerweise die zweite gleich. Hinsichtlich der sonstigen materiellen Voraussetzungen und der Wirkungen einer Wechselerklärung streift das Gesetz Ausstellungsort, Wohnort, Zahlungsort, Staatsangehörigkeit, ohne die mögliche Verschiedenheit dieser Anknüpfungen sich zum Bewußtsein zu bringen. Die Lücke durch Lokalisation der Verpflichtung am Ausstellungsort zu füllen, reichen die Anhaltspunkte nicht völlig aus. Dagegen ist diese Lokalisation für die Form der Verpflichtung durch Art. 85^{1} erfolgt, und es werden dabei unter die Form auch diejenigen sachlichen Voraussetzungen einbezogen, die Art. 4 hinsichtlich ihres äußeren Ausdrucks in der Urkunde regelt. Milderungen der zwingenden Bedeutung der Vorschrift locus regit actum in Satz 3: zwischen Personen gleicher Staatsangehörigkeit (nicht Wohnsitzes) genügt es, wenn deren Recht befolgt wird (unvollständige Kollisionsnorm); vgl. ferner, vornehmlich für Indossamente, Satz 2. Zwingende Bedeutung der örtlichen Formvorschriften nach Art. 86 auch für Protest, Vorweisung des Wechsels, Benachrichtigung der Vormänner (für die Form solcher Akte, nicht etwa für deren Notwendigkeit). Abtrennung der Verpflichtung von der zu Verlust gegangenen Urkunde (Amortisation) entsprechend § 1005 ZPO, wenn der „Erfüllungsort" des Bezogenen im Reich liegt. — Die Schaffung eines Weltwechselrechts ist unter dem 7. 6. 1930 bis zur Unterzeichnung eines (noch nicht ratifizierten) Staatsvertrags gediehen, der freilich den angloamerikanischen Rechtskreis bei Seite läßt. Für die verbleibenden Rechtsverschiedenheiten ist ein Sonderabkommen über IPR vorgesehen.

Anders als beim Wechsel ruht beim Scheck der Schwerpunkt der Rechtsbeziehungen bei dem Bezogenen; in der Regel einem großen Geldinstitut, für das der Scheckverkehr sich in gleichförmigen Massengeschäften abwickelt. Dennoch hat das deutsche Recht an der Analogie des Wechselrechts festgehalten, unterwirft jede der in einem Scheck vereinigten Rechtsbeziehungen ihrer eigenen Gesetzgebung, in erster Reihe wiederum die Erklärung des Ausstellers, und so muß auch hier für das Zustandekommen eines gültigen Schecks von der Rechtsordnung des Ausstellers ausgegangen werden. Der Ausgleich mit den Bedürfnissen des Scheckverkehrs wird durch eine besondere Bestimmung des Anknüpfungsbegriffes gesucht: für die Form des Schecks (in der weiten Bedeutung wie im internationalen Wechselrecht) und für die passive Scheckfähigkeit genügt wahlweise Rücksichtnahme auf das Recht des Ausstellungsorts oder des Zahlungsorts. Im übrigen ist — vorbehaltlich einiger weiterer positivrechtlicher Ausbiegungen — auch beim Scheck Wohnsitzrecht des Verpflichteten maßgebend.

Für die Form des Schecks § 26^{I} und $^{\text{II}\,2}$, für die passive Scheckfähigkeit § 25 (unvollständige Kollisionsnormen). Dagegen wird die Möglichkeit mehrfacher Ausfertigungen in § 9 nur dem Recht des Ausstellungsorts unterworfen. Erleichterung für deutsche Indossamente auf ausländischen Schecks § $26^{\text{II}\,1}$ entsprechend WO Art. 85^{2} Die Vorlegungsfristen als Voraussetzung für eine Leistung des Bezogenen bestimmt § $11^{\text{II}\,1}$ sachgemäß nach dem Recht des Zahlungsorts, jedoch mit einer empfindlichen Zuständigkeitsüberschreitung in § $11^{\text{II}\,2}$. Zuständigkeit zur Amortisation wie beim Wechsel.

Einer Begebung von Traditionspapieren wie Konnossement, Ladeschein, Lagerschein, kann sachenrechtliche Wirkung zukommen. Dabei bleibt aber zu beachten, daß es sich um Wirkungen auf das durch die Urkunde verkörperte Gut handelt. Ist ein Konnossement nach Hamburg gelangt über Waren, die unter englischer Flagge auf hoher See schwimmen, so entscheidet englisches, nicht deutsches Recht über die dinglichen Wirkungen einer Übergabe des Konnossements.

§ 36. Verpflichtungen aus unerlaubter Handlung. Wo das Recht des einzelnen auf Handlungsfreiheit mit dem Interessenkreis anderer zusammenstößt, da muß die Rechtsordnung am Ort dieses Zusammenstoßes bestimmen, ob die Handlung dennoch vorgenommen werden kann; vielleicht wird sie gegen Ausgleich zugelassen, erzeugt sie als objektiv rechtswidrige Handlung und vor allem als schuldhaft rechtswidrige Handlung Wirkungen — über alle diese Fragen entscheidet das Recht des Tatorts. Und da durch eine Verweisung auf den Tatort, anders als etwa im internationalen Strafrecht (bei dem es sich nur um die Abgrenzung der inländischen Strafgewalt handelt, das also eine Mehrheit von Anknüpfungen erträgt), für das internationale Zivilrecht entweder die eine oder eine andere Rechtsordnung Zuständigkeit erlangen soll, so kann auch dieser Tatort insoweit nur einer sein; auch dann wenn die Handlung und ihr Erfolg, wenn die Teile der Handlung in verschiedene Rechtsgebiete weisen. Und es ist als Tatort in diesem Zusammenhang der Ort, an dem die wesentlichste Ausführungshandlung vorgenommen wurde, anzusehen.

Für die Folgen unerlaubter Handlungen eine mißliche Einschränkung zugunsten Deutscher in Art. 12 EG. Staatsverträge über Eisenbahnbau bringen eine Bestätigung, solche über Unfallfürsorge eine Verschiebung der obigen Regel (dazu NEUMEYER, Internationales Verwaltungsrecht 2, 502 712 721 ff.). — Bei unerlaubten Handlungen ist eine Verletzung der Verhaltensvorschriften gegen jedermann in Frage; über Schädigungen innerhalb einer besonderen Rechtslage unten § 37. — Wo die unerlaubte Handlung in der Verletzung des Rechts eines andern besteht, ist dies Recht natürlich seiner eigenen Gesetzgebung unterworfen, z. B. der Anspruch auf das Kind, wenn jemand einer Ausländerin ihr Kind entführt (von Belang für die Aktivlegitimation des Geschädigten im Prozeß). Andererseits kann der Täter auf Grund eines präjudiziellen Rechtsverhältnisses zu einer sonst rechtswidrigen Handlung befugt sein, und es steht alsdann die Rechtmäßigkeit der Handlung insoweit unter ihrer Rechtsordnung; der ausländische Ehemann etwa beansprucht kraft persönlichen Eherechts, die Briefe seiner Frau zu erbrechen. — Wo die Handlung in ein subjektives Recht der Gegenpartei eingreift, in ein Forderungsrecht gegen den Täter oder ein absolutes Recht wie Eigentum oder Urheberrecht, da mag der Verletzte sowohl aus dem eigenen Recht, wie aus dem Unrecht des Gegners klagen; beide Ansprüche können verschiedenen Ordnungen unterliegen. Doch verweist gerade diese Möglichkeit darauf, das Maß des Schutzes, das absolute Rechte genießen, selbst nach dem Recht des Landes zu bestimmen, wo in sie eingegriffen wird.

§ 37. Andere Verpflichtungen aus Gesetz. Eine Zusammenfassung völlig verschieden gearteter Rechtslagen! Zum Teil handelt es sich hier um die schuldrechtliche Ergänzung sonstiger Rechtsverhältnisse, der Eigentümer verlangt Herausgabe der Nutzungen, der Vermächtnisnehmer Zahlung des ausgesetzten Betrags; Verletzungen innerhalb einer besondern Rechtslage führen zu Schadenersatz, etwa die Amtspflichtverletzung eines deutschen Konsuls im Ausland, das Verhalten des fremden Anwalts, der ein angetragenes Mandat nicht angenommen hat: hier überall entscheidet die Gesetzgebung, die für die besondere Rechtslage gilt, auch über die schuldrechtlichen Wirkungen, die sich an diese Rechtslage anknüpfen. Auf der andern Seite aber kommen gesetzliche Verpflichtungen vor, die ähnlich wie beim Delikt zwischen rechtlich unverbundenen Personen einen Ausgleich schaffen sollen, und hier muß allerdings wie beim Delikt regelmäßig die Ordnung, die am Ort des Rechtswirkung erzeugenden Vorganges gilt, den Ausschlag geben. So (vorbehaltlich einer abweichenden Lokalisierung nach Lage des Falls) bei der Geschäftsführung ohne Auftrag. So insbesondere auch bei einem Anspruch auf Herausgabe ungerechtfertigter Bereicherung.

Hinsichtlich der Bereicherung sind drei Fragen zu scheiden. Die Vorfrage, ob eine Bereicherung ohne Rechtsgrund erfolgt ist, fällt zusammen mit der andern, ob eine Rechtspflicht zu der Vermögensmehrung bestand, z. B. zu der Hingabe der Ware auf Grund des angefochtenen Kaufvertrags. Ob ferner eine Bereicherung eingetreten ist, heißt, ob Eigentum erworben, eine Forderung verbindlich abgetreten wurde. Diese Vorfragen alle haben ihr eigenes Recht. Erst was bei Vorliegen einer grundlosen Bereicherung weiter geschehen soll, gehört in den gegenwärtigen Zusammenhang, und da der Ausgleich nicht das Vermögen als solches angeht (das seinen Ort am Wohnsitz des Inhabers hätte), sondern den einzelnen Vermögensgegenstand, der ohne Rechtsgrund übergegangen ist, so muß das Recht des Orts entscheiden, an dem dieser Gegenstand, das übereignete Haus, die übertragene Forderung (örtlich bestimmt durch den Wohnsitz des Schuldners) im Zeitpunkt des begehrten Ausgleichs sich befindet.

§ 38. Anhang. Seerecht. Als neuer Anknüpfungsbegriff erscheint im Seerecht die Staatsangehörigkeit des Schiffes, verkörpert in seiner Flagge; nicht etwa im Sinn eines Personalstatuts, sondern als Hinweis auf den Heimathafen als den regelmäßigen im Gegensatz zum jeweiligen Liegeort des Schiffes. Die Hoheitsverhältnisse zur See hat das Völkerrecht in der Weise verteilt, daß die Eigengewässer, voran die Häfen unter der vollen Hoheit des Uferstaats stehen, die hohe See ist staatenlos, die Küstengewässer drei Seemeilen meereinwärts unterliegen einer räumlichen Beherrschung des Uferstaats, soweit Vorgänge über die auf dem Schiff vereinigten Personen in ihrer Wirkung hinausreichen. Dabei gelten Kriegsschiffe schlechtweg als Gebietsteil ihres Heimatstaats, andere Staatsschiffe und Privatschiffe aber verbleiben für die auf dem Schiff vereinigten Personen unter dem bürgerlichen Recht des Heimatstaats, solange nicht ein Aufenthalt des Schiffes in fremden Hoheitsgewässern das örtliche Recht anwendbar macht. Freilich, sind solche Schiffe auf hoher See, so versagen räumliche Anknüpfungen, Verweisungen z. B. auf den Ort eines Rechtsgeschäfts oder einer unerlaubten Handlung, und es bedarf darum, das zuständige Recht zu finden, einer Verbindung mit der Person eines Beteiligten, bedarf des näheren einer Ermittlung der Person, auf deren Seite der Schwerpunkt des Rechtsverhältnisses liegt; tritt das bei Rechtsbeziehungen zwischen den auf dem Schiff vereinigten Personen nicht weiter hervor, so um so deutlicher bei Tatbeständen, die über diesen Kreis hinauswirken.

Die sachenrechtlichen Verhältnisse des Schiffes werden mit Rücksicht auf ihre Verbindung mit dem Schiffsregister, das im Heimathafen geführt wird, durch das Recht dieses als des gewöhnlichen Liegeorts des Schiffes, nicht durch die jeweilige lex rei sitae bestimmt. (Doch wird eine Zuständigkeit zur Zwangsvollstreckung aus begreiflichen Gründen durch den jeweiligen Ort des Schiffes begründet, vgl. Zwangsversteigerungsgesetz § 171; § 764 HGB steht der Anerkennung einer entsprechenden Vollstreckung im Ausland nicht entgegen). — Die Dienstleistung der Schiffsbesatzung findet gleichfalls ihren Mittelpunkt im Heimathafen, richtet sich also nach dem Recht der Flagge (SeemannsO § 1), wie dies Recht auch über die Vertretungsmacht des Schiffers gegenüber dem Reeder entscheidet. — Zum Seefrachtvertrag oben § 33 (für Laden und Löschen materiellrechtliche Verweisungen auf die Bestimmungen des betr. Hafens an zahlreichen Stellen des HGB); die hiernach maßgebende Rechtsordnung hätte auch die große Haverei als einen Ausfluß des Frachtvertrags zu regeln, doch erklärt § 835 mit 727 HGB insoweit den Staat des Bestimmungsorts, und wenn dieser nicht erreicht wird, des Hafens, in dem die Reise endet, als zuständig. — Ist es zu einem Schiffszusammenstoß in Eigen- oder Küstengewässern gekommen, so regeln sich seine Folgen als Folgen einer unerlaubten Handlung nach den Gesetzen des Tatorts. Für einen Zusammenstoß auf hoher See dagegen versagt diese Anknüpfung, und hier wird wichtig, was oben über die Auflösung räumlicher in persönliche Anknüpfungen bemerkt wurde; die persönliche Anknüpfung aber, die hier entscheidet, ist das Recht des Täters, nicht des Verletzten. — Bei einer Hilfeleistung in Seenot ist der Helfer Subjekt, der Unterstützte Objekt des Vorgangs; sie ist rechtlich im Uferstaat lokalisiert, wenn die Hilfeleistung von der Küste eines Kulturstaats aus erfolgt, im übrigen hat die Flagge des helfenden Schiffes zu entscheiden. — Einzelne seerechtliche Kollisionsnormen auch in Staatsverträgen. Insbesondere sind Bestrebungen zu einer Vereinheitlichung des Seerechts für Schiffszusammenstoß und für Hilfeleistung in den umfassenden Vertragswerken vom 23. 9. 1910 zur Durchführung gekommen. Mehrere Verträge der Nachkriegszeit sind noch nicht ratifiziert. — Vgl. zu dem ISeePR NEUMEYER, Internationales Verwaltungsrecht 3 I 85ff., im besondern 86ff. (Schiffsregister), 116ff. (Besatzung), 141ff. (Hilfeleistung), 169ff. (Staatsschiffe, die nicht der Kriegsmarine angehören); über die Beförderung von Auswanderern 268ff.

Über Binnenschiffahrt ebenda 186ff., im besondern 196ff. (Schiffsregister), 212ff. (Besatzung), 223ff. (Beförderung). — Über Luftfahrt ebenda 234ff., im besondern 237ff. (Register), 257 (Besatzung), 262f. (Beförderung).

Sachregister.

Kolibri 360 GmbH
Ferdinand-Jühlke-Straße 7
99095 Erfurt, Deutschland
produktsicherheit@kolibri360.de